高职高专"十三五"规划教材
编审委员会

主　任：张红伟

副主任：李远军　何乔义　欧阳波仪　宋广辉　张　健　孙海波
　　　　　孙国君　周万春　王凤军　张裕荣　刘凤波　刘晓鹏
　　　　　徐　涛　王　敏　戴晓锋　包科杰　李年芬

委　员：（按姓名汉语拼音排序）

包科杰　曹文霞　陈睿伟　代　洪　戴晓锋　冯　凯
郭斌峰　何乔义　何世勇　洪　飞　胡新宇　贾建波
李　刚　李　岚　李年芬　李远军　刘凤波　刘晓军
刘晓鹏　刘兆义　倪晋尚　欧阳波仪　彭琪波　秦　浩
邱亚宇　史　婷　宋广辉　宋发民　孙国君　孙海波
谭　辉　陶　阳　涂　杰　王凤军　王　辉　王加升
王　琳　王　敏　王先耀　韦孟洲　肖友荣　徐　涛
袁　芬　袁　庆　曾晓彤　张存良　张桂华　张红伟
张　健　张良勇　张晓龙　张显辉　张裕荣　张仲颖
赵伟章　郑　荻　郑　路　周万春　朱　炼

"十三五"职业教育国家规划教材

汽车类专业立体化数字资源配套教材

汽车空调结构与检修

双色版

陶 阳 主编

纪飞龙 胡碧珍 余习术 张军建 副主编

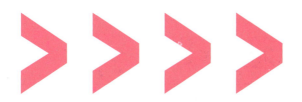

化学工业出版社

·北京·

本书以职业能力培养为主线,以工作项目为导向,注重理论知识与技能训练相结合。书中每个任务均以任务导入为切入点、知识准备为重点、任务实施为测试点,全面系统地介绍了汽车空调的结构组成、工作原理、使用方法、维护保养、故障诊断维修等。主要内容包括汽车空调认知、汽车空调制冷系统部件检修、汽车空调制冷系统检修、汽车空调暖风与配风系统检修、汽车空调电气系统检修、汽车自动空调控制系统的检修等。

为方便教学,本书配套视频、微课、课件等数字资源,视频、微课等通过扫描书中二维码观看学习,教学课件等可登录化学工业出版社教学资源网 www.cipedu.com.cn 免费下载。

本书可作为高职高专院校汽车类专业的教材,也可供相关工程技术人员参考。

图书在版编目(CIP)数据

汽车空调结构与检修/陶阳主编. —北京:化学工业出版社,2018.4(2023.9 重印)
高职高专"十三五"规划教材 汽车类专业立体化数字资源配套教材
ISBN 978-7-122-31733-9

Ⅰ.①汽… Ⅱ.①陶… Ⅲ.①汽车空调-构造-高等职业教育-教材②汽车空调-维修-高等职业教育-教材 Ⅳ.①U463.850.3②U472.41

中国版本图书馆 CIP 数据核字(2018)第 049781 号

责任编辑:韩庆利　甘九林　　　　　　　　文字编辑:张绪瑞
责任校对:王素芹　　　　　　　　　　　　装帧设计:刘丽华

出版发行:化学工业出版社(北京市东城区青年湖南街 13 号　邮政编码 100011)
印　　装:河北鑫兆源印刷有限公司
787mm×1092mm　1/16　印张 9½　字数 227 千字　2023 年 9 月北京第 1 版第 7 次印刷

购书咨询:010-64518888　　　　　　　　　售后服务:010-64518899
网　　址:http://www.cip.com.cn
凡购买本书,如有缺损质量问题,本社销售中心负责调换。

定　价:29.80 元　　　　　　　　　　　　　　　　　　版权所有　违者必究

进入21世纪以来，我国的汽车工业发展迅猛，随着人民生活水平的日益提高，汽车已经走进千家万户。如今的消费者在追求汽车的可靠性、安全性的同时，也更加注重对汽车舒适性的要求，汽车空调作为提高汽车乘坐舒适性的重要装置，越来越受到汽车消费者的重视。

随着汽车空调的迅速普及，空调系统已成为现代汽车的标准装备，同时，越来越多的电子、网络及计算机新技术应用到汽车技术中，汽车空调系统的结构日益复杂，控制方式日益人性化，对环保的要求也日益提高，其使用与维修的问题也日益凸显。针对当前职业院校汽车类专业的教学需求，汽车维修技术人员系统掌握现代汽车空调技术的需要，结合教学实践，按照汽车检测与维修技术专业的人才培养要求编写了本书。

本书全面系统地介绍了汽车空调的结构组成、工作原理、使用方法、维护保养、故障诊断维修等。主要内容包括汽车空调认知、汽车空调制冷系统部件检修、汽车空调制冷系统检修、汽车空调暖风与配风系统检修、汽车空调电气系统检修、汽车自动空调控制系统的检修。本书针对职业院校汽车类专业的培养要求及职业院校学生特点，以职业能力培养为主线，以工作项目为导向，以必需够用为编写原则，特别注重理论知识与技能训练相结合。每个任务均以任务导入为切入点、知识准备为重点、任务实施为测试点，体现了理论与实践一体化的教学理念，对教学的开展具有重要意义。

本书由黄冈职业技术学院陶阳担任主编，黄冈职业技术学院纪飞龙、黄冈职业技术学院胡碧珍、湖北工程职业学院余习术、襄阳汽车职业技术学院张军建担任副主编，宣城职业技术学院袁庆、襄阳汽车职业技术学院贾江波、漯河职业技术学院陶小培参编。在编写过程中注重收集整理汽车空调设备最新知识，力求内容全面新颖、图文并茂、重点突出，教学视频贯穿其中，力求体现行业需求，又涵盖相关国家职业标准。本书的编写工作也得到了相关企业的汽车维修管理人员的帮助，在此表示感谢。此外，本书编写过程中参考和借鉴了国内的同类著作，在此特向相关作者致谢！

为方便教学，本书配套视频、微课、课件等数字资源，视频、微课等通过扫描书中二维码观看学习，教学课件等可登录化学工业出版社教学资源网 www.cipedu.com.cn 免费下载。同时建立了QQ群（号码107141977），汽车专业教师可加入免费咨询交流本专业课程相关问题，索取课件等。

由于编者水平有限，时间仓促，书中难免存在不当之处，恳请广大读者批评指正。

编 者

目录 CONTENTS

项目一 汽车空调认知 … 1

任务一 汽车空调的发展 … 1
 任务导入 … 1
 知识准备 … 1
  一、汽车空调技术的发展过程 … 1
  二、我国汽车空调的现状 … 2
  三、国内汽车空调发展趋势 … 2
 任务实施 … 4
任务二 汽车空调的组成与分类 … 4
 任务导入 … 4
 知识准备 … 4
  一、汽车空调的功能 … 4
  二、汽车空调的组成与分类 … 5
  三、汽车空调的布置与操作 … 10
 任务实施 … 15
任务三 汽车空调的热力学基本知识 … 15
 任务导入 … 15
 知识准备 … 15
 任务实施 … 17
练习题 … 17

项目二 汽车空调制冷系统部件检修 … 19

任务一 汽车空调制冷系统的工作原理与类型 … 19
 任务导入 … 19
 知识准备 … 19

一、汽车空调制冷系统的组成 ……………………………………… 19
　　二、汽车空调制冷系统的工作原理 ………………………………… 20
　　三、制冷系统的类型 ………………………………………………… 21
　任务实施 …………………………………………………………………… 25
任务二　空调压缩机检修 …………………………………………………… 25
　任务导入 …………………………………………………………………… 25
　知识准备 …………………………………………………………………… 25
　　一、对压缩机的要求 ………………………………………………… 25
　　二、汽车制冷压缩机的类型与结构组成 …………………………… 26
　　三、压缩机的动力来源——电磁离合器 …………………………… 32
　　四、压缩机检修相关技能 …………………………………………… 33
　任务实施 …………………………………………………………………… 36
任务三　热交换器的检修 …………………………………………………… 37
　任务导入 …………………………………………………………………… 37
　知识准备 …………………………………………………………………… 37
　　一、冷凝器 …………………………………………………………… 37
　　二、蒸发器 …………………………………………………………… 39
　　三、热交换器常见的故障检修 ……………………………………… 41
　任务实施 …………………………………………………………………… 43
任务四　节流装置的检修 …………………………………………………… 43
　任务导入 …………………………………………………………………… 43
　知识准备 …………………………………………………………………… 43
　　一、膨胀阀 …………………………………………………………… 43
　　二、膨胀阀节流管 …………………………………………………… 46
　　三、膨胀阀的检修 …………………………………………………… 47
　　四、节流管检修 ……………………………………………………… 49
　任务实施 …………………………………………………………………… 52
任务五　储液干燥器和集液器检修 ………………………………………… 52
　任务导入 …………………………………………………………………… 52
　知识准备 …………………………………………………………………… 53
　　一、储液干燥器和集液器的相关知识 ……………………………… 53
　　二、储液干燥器和集液器的相关技能 ……………………………… 55
　　三、拓展知识 ………………………………………………………… 55
　任务实施 …………………………………………………………………… 57
练习题 ………………………………………………………………………… 57

项目三 汽车空调制冷系统检修 … 59

任务一 制冷系统压力分析 … 59
    任务导入 … 59
    知识准备 … 59
        一、歧管压力表 … 59
        二、制冷系统压力状况分析 … 60
        三、制冷系统的压力测量 … 64
        四、制冷系统性能测试 … 65
    任务实施 … 66

任务二 制冷系统检漏 … 66
    任务导入 … 66
    知识准备 … 66
        一、制冷剂 … 66
        二、冷冻机油 … 68
        三、常见的泄漏部位及检漏方法 … 69
        四、制冷剂充装 … 71
        五、冷冻机油的充装 … 75
    任务实施 … 77

练习题 … 77

项目四 汽车空调的暖风与配风系统检修 … 80

任务一 汽车空调暖风系统 … 80
    任务导入 … 80
    知识准备 … 81
        一、余热式暖风系统 … 81
        二、独立燃烧式暖风装置 … 86
        三、综合预热式暖风装置 … 87
    任务实施 … 88

任务二 汽车空调配风系统 … 89
    任务导入 … 89
    知识准备 … 89
        一、通风和净化装置 … 89

二、汽车空调配风系统 …………………………………………………… 92
　　任务实施 ………………………………………………………………… 95
任务三　汽车暖风和配风系统检修 ……………………………………………… 96
　任务导入 …………………………………………………………………… 96
　知识准备 …………………………………………………………………… 96
　　一、配风系统检修 ……………………………………………………… 97
　　二、供暖水路检修 ……………………………………………………… 97
　任务实施 …………………………………………………………………… 97
练习题 ………………………………………………………………………… 98

项目五　汽车空调电气系统检修　　99

任务一　汽车空调电气系统相关知识 …………………………………………… 99
　任务导入 …………………………………………………………………… 99
　知识准备 …………………………………………………………………… 99
　　一、汽车空调系统保护元件 …………………………………………… 99
　　二、汽车空调系统运行控制装置 ……………………………………… 104
　　三、手动空调系统的基本电路 ………………………………………… 108
　　四、典型车型的空调系统控制电路 …………………………………… 110
　任务实施 …………………………………………………………………… 112
任务二　汽车空调电气系统的相关技能 ………………………………………… 112
　任务导入 …………………………………………………………………… 112
　知识准备 …………………………………………………………………… 113
　　一、压缩机电磁离合器不吸合的故障诊断 …………………………… 113
　　二、鼓风机不工作或者速度无法调整的故障检修 …………………… 113
　任务实施 …………………………………………………………………… 114
练习题 ………………………………………………………………………… 115

项目六　汽车自动空调控制系统的检修　　117

任务一　汽车自动空调控制系统的相关知识 …………………………………… 117
　任务导入 …………………………………………………………………… 117
　知识准备 …………………………………………………………………… 117
　　一、自动空调系统的功能 ……………………………………………… 118
　　二、自动空调系统的组成 ……………………………………………… 118

三、半自动汽车空调控制系统的工作原理 ……………………………… 126
　　四、全自动汽车空调控制系统的工作原理 ……………………………… 126
　任务实施 ……………………………………………………………………… 128
任务二　微型计算机控制的自动空调系统 ……………………………………… 129
　任务导入 ……………………………………………………………………… 129
　知识准备 ……………………………………………………………………… 129
　任务实施 ……………………………………………………………………… 137
任务三　汽车自动空调控制系统的检修 ………………………………………… 137
　任务导入 ……………………………………………………………………… 137
　知识准备 ……………………………………………………………………… 137
　　一、空调自诊断 …………………………………………………………… 137
　　二、自动空调常见故障解析 ……………………………………………… 137
　　三、空调传感器及其电路检修 …………………………………………… 137
　任务实施 ……………………………………………………………………… 140
　练习题 ………………………………………………………………………… 140

参考文献　142

项目一 汽车空调认知

 项目描述

汽车空调是对汽车室内空气进行调节的装置。本项目主要介绍汽车空调的发展历程、功能特点、组成分类，并介绍汽车空调的相关基础知识。

 技能要点

了解汽车空调的发展历程，会描述汽车空调功用、特点，认识汽车空调结构组成，并能够针对不同的车型上的汽车空调叙述出其所属类型；能够描述汽车空调各热力学基础知识以及汽车空调制冷剂、冷冻机油的特性。

 知识要点

知道汽车空调的功用、特点与发展趋势；知道汽车空调的组成与分类；知道汽车空调热力学的基础知识以及制冷剂和润滑油的基本知识。

任务一 汽车空调的发展

 任务导入

汽车空调的主要作用是对车内空气的温度、湿度、流动速度、空气洁净度等进行全部或部分地调节，从而创造一个舒适的乘车环境。那么，汽车空调的发展历程是怎么样的呢？

 知识准备

一、汽车空调技术的发展过程

汽车空调技术是随着汽车的普及和高新技术的应用而发展起来的。汽车空调技术的发展经历了由低级到高级、由单一功能到多功能的5个阶段。

1. 第一阶段：单一供暖

1925年首先在美国出现利用汽车冷却液通过加热器的方法取暖，到1927年发展到具有加热器、鼓风机和空气滤清器等比较完整的供热系统，其作用只能对车室内供暖。目前在寒冷的北欧、亚洲北部地区仍在使用。

2. 第二阶段：单一制冷

1939年由美国通用汽车公司首先在轿车上安装了机械制冷降温的空调器，成为汽车空调的先驱。目前，在热带、亚热带地区，汽车空调仍然使用单一制冷系统。

3. 第三阶段：冷暖一体化

1954年，原美国汽车公司（AMC），首先在轿车上安装了冷暖型一体化空调器，这样汽车才真正具备了降温、除湿、通风、过滤、除霜等对空气调节的功能。该方式是目前低档车使用量最大的一种方式。

4. 第四阶段：自动控制空调

1964年，美国通用汽车公司将自动控制的汽车空调安装在凯迪拉克轿车上，紧接着通用、福特、克莱斯勒三大汽车公司竞相在各自的高级轿车上安装。日本、欧洲直到1972年才在高级轿车上安装。

5. 第五阶段：微机控制的汽车空调

1973年美国通用汽车公司和日本五十铃汽车公司一起联合研发了由电脑控制的汽车空调系统，1977年同时安装到各自的汽车上，将汽车空调技术推广到一个新的高度。

二、我国汽车空调的现状

我国现有主要汽车空调生产厂家20多家，其中绝大部分都引进国外技术生产线和生产设备，还有一些是中外合资企业，国内汽车空调技术的研究和开发与国外的差距正在逐渐缩小。

从市场占有情况来看，由于目前大多数汽车空调生产未具规模，加上汽车空调种类多，国内汽车空调销售市场仅为几家所垄断。其中上海德尔福汽车空调系统有限公司生产的爱斯牌汽车空调为别克、帕萨特、桑塔纳、捷达、富康、切诺基等车型配套；杰克赛尔汽车空调有限公司生产的空调主要为奥迪、红旗轿车及解放牌重、中、轻型车配套；湖北沙市电工仪表集团生产的空调为东风汽车公司、神龙富康汽车公司的载货车和富康轿车配套；广州豪华空调器有限公司生产的空调为海南马自达、奥拓、广州本田、长安之星配套。随着我国汽车市场的逐步放开，国内汽车空调生产厂家面临国外汽车空调专业生产厂家的挑战，因此国内汽车空调生产如何走向专业化、规模化经营之路，将成为我国未来几年汽车空调业迫切需要解决的问题。

三、国内汽车空调发展趋势

当然，从市场需求方面看，汽车空调装置应进一步降低成本，提高燃油经济性；从制造方面看，随着车厢地板的降低以及车辆向大型化、高级化发展，需进一步提高汽车空调各组成装置的紧凑型和效率；从乘员和驾驶员方面看，车内温度要合理分布、设备操作要简便，空调装置应向全季节型发展。

1. 日趋自动化

早期的汽车空调系统进出风系统、冷气系统和暖气系统彼此间相互独立，因而它们的控制系统也自成一体，且汽车空调都是手动控制，仅凭人的感觉来调节开关，因而温度、湿度及风量很难控制。近年来，随着电子计算机的普及并逐步应用到汽车空调系统，使得空调系统能进行全天候的空调调节，集制冷、取暖、通风于一体。在人为设定的最佳温度、湿度及风量的情况下，该系统可根据车厢内人员数量及其他情况的变化进行多挡位、多模式的微调，从而达到设定的最佳值，使车内始终保持舒适的人工气候环境，同时可进行故障自动诊断和数字显示，进而缩短其检修和准备时间。

2. 提高舒适性

目前不少汽车空调系统的制冷和取暖是各自独立的系统。每当梅雨季节，车窗玻璃上常常蒙上雾气，若要去掉雾气，必须启动冷气装置，但这样会使车内太冷。为了克服此缺点，正在开发一种全季节型的空调系统，该系统具有换气、取暖、除湿、制冷等功能，夏天由发动机驱动制冷系统，冬天由加热器制热取暖，过渡季节（如梅雨季节）则采用制冷与取暖混合吹出温和风进行除湿，使车厢内换气情况到达最佳状态。

3. 高效节能、小型轻量化

要进一步降低空调装置的重量和减小外形尺寸，必须提高各组成装置的结构紧凑性和效率。在压缩机方面，以往的空调系统多采用斜板式压缩机，这种压缩机制冷能力相对较低，性能系数和容积效率也相对较小。为了提高压缩机性能，现已使用了湿冷效率高的旋转式压缩机和三角转子压缩机。在冷凝器和蒸发器方面，管片式换热器已逐渐被管带式换热器取代。目前散热性能更佳、结构更为紧凑的平行流冷凝器和层叠式蒸发器又有取代管带式换热器的趋势。在湿冷管路方面，进行优化设计使管路结构更为合理，并在管路上装配防振橡胶块以防共振等。

4. 向环保型汽车空调发展

空调制冷剂对大气环境的影响主要有两个方面，一方面是对大气臭氧层的破坏，另一方面是使全球气候变暖的温室效应。目前大部分汽车上用的制冷剂都是R134a，该制冷剂是一种新型环保制冷剂，具有无毒、无色、不燃不爆、热稳定性好等性质，更重要的是R134a制冷剂不损害臭氧层。

据欧盟已通过的含氟温室气体控制法规的要求，自2017年1月1日起，欧盟已禁止新生产的汽车空调使用GWP（GWP是一种物质产生温室效应的一个指数）值大于150的制冷剂，由于现在使用的R134a的GWP值为1300，故已被禁用。在2011年1月1日至2017年1月的6年间，在用汽车空调已按比例逐步淘汰GWP值大于150的制冷剂。自2017年1月1日起，禁止所有汽车空调使用GWP值大于150的制冷剂。因而，汽车空调使用低GWP值的制冷剂成为趋势和必然，CO_2、碳氢化合物、R152a以及一些可作为汽车空调制冷剂的混合物成为研究热点。

5. 新型空调结构和系统得到发展

空调制冷方式有许多种，目前应用于汽车空调的制冷方式全部为蒸汽压缩式，其他制冷方式，如吸收式、吸附式、蒸汽喷射式、空气压缩式等，很少在汽车空调上采用。但利用发动机的余热来驱动制冷系统是一个理想的节能方案，所以世界各国都在研究这种新技术，如氢化物汽车空调系统、二氧化碳汽车空调系统、固体吸附式空调系统和吸收式汽车空调系统。

6. 出现新型空调部件

新结构、新材料、新工艺将不断应用于汽车空调部件，主要体现在热交换器和管口连接上，以保证得到更理想的性能。据了解，奔驰、宝马、奥迪、凯迪拉克豪华轿车的空调系统，在承接自动恒温空调的数字变频恒温、内外循环和后排出风等优点的基础上，具有了设计更先进、更人性化的特点，前后左右四个座位的温区均可由乘客自己手动调节。

▍任务实施

请按小组的形式开展角色扮演，并结合实际情况相互问一些问题，例如：
1. 请问汽车空调的发展过程是怎么样的？
2. 我国汽车空调的发展现状是怎么样的？
3. 汽车空调将来会朝着什么样的趋势发展？

任务二　汽车空调的组成与分类

任务导入

车主刘先生到某汽车特约经销店进行汽车空调维护，咨询汽车空调使用知识、制冷剂和冷冻机油类型等，你作为服务顾问接待了刘先生，并准备解答相关的问题。

知识准备

一、汽车空调的功能

汽车空调可以为乘务员提供舒适的乘车环境，降低驾驶员的疲劳强度，提高行车安全性，如图1-1所示，其调节的内容主要包括以下几个方面。

图1-1　空调的作用

1. 温度

对空气温度的调节包括冬季（一般舒适的温度，冬季为16～18℃）加热和夏季（一般舒适的温度，夏季为20～28℃）降温两种情况。轿车和小型客车一般以发动机冷却循环水作为暖气的热源，而大型客车则采用独立式加热器作为暖气的热源，降温则必须用专门的制冷设备，即汽车空调制冷系统来进行。

2. 湿度

空气的湿度是指空气中水蒸气的含量百分数。对湿度的调节一般都是降低湿度，即除湿，特别是在夏季尤其如此。在同样的温度下，湿度越大，人感到越热（一般舒适的湿度，夏季为50%～60%，冬季为40%～50%）。

3. 空气洁净度

汽车门窗长时间关闭，车内充满了人呼出的二氧化碳、排出的汗味等各种影响空气洁净的气味，因此必须要求汽车空调具有补充车外新鲜空气、过滤和净化车内空气的功能。一般的汽车空调设有进风门、排风门、空气过滤器和空气净化装置等。

4. 空气流动速度

汽车空调系统的空气流动速度包含下面两个方面的含义。

① 车内、外空气的交换速度，即引入外界新鲜空气的比例，外界新鲜空气进入量的多少由新鲜空气阀门开度的大小来控制。

② 内部空气的流动速度，主要解决车厢内温度不均现象。

汽车空调主要调节的是车内部的气流速度。夏天，气流速度稍微大些，有利于人体散热降温，但过大的风速直接吹到人体上，也会使人感到不舒服（一般舒适的气流速度为0.25m/s左右）。冬天，风速大会影响人体保温，因而冬天取暖时气流速度应尽量小一些（一般为0.15～0.20m/s）。

5. 除霜

冬天，前后风窗玻璃容易结霜，这将导致驾驶员的视线模糊不清，增加行车的危险性。这就需要通过暖风来除去风窗玻璃的霜，以维持驾驶员的视线清晰度，提高行车安全性。

二、汽车空调的组成与分类

汽车空调系统一般由制冷装置、取暖装置、通风装置、电气控制装置四大部分组成。严格来说，还应包括空气净化装置，所以为五大组成部分。高级轿车装备有炭罐、空气滤清器和静电除尘式净化器等一套较完整的空气净化系统，而在普通型轿车中，空气净化的任务则由蒸发器直接完成。

1. 汽车空调的组成

（1）制冷装置 汽车空调制冷系统主要由空调压缩机、蒸发器、冷凝器、储液干燥器、视液窗、膨胀阀等部件组成，利用制冷剂的不断变态循环达到制冷效果。其系统组成及布置如图1-2所示。

（2）取暖装置 取暖系统由加热器、水阀、水管、发动机冷却液等组成（如图1-3所示）。主要用来取暖和除霜，大多数轿车采用发动机冷却液、废弃的余热或者利用燃烧器燃烧产生热量，作为取暖的热源，再通过加热器加热由鼓风机送入的车内空气或车外的新鲜空气，使得出风口的温度上升达到取暖的目的。

汽车空调作用及组成结构

（3）通风装置 由进气模式风门、鼓风机、混合气模式风门、气流模式风门、导风管等组成。通风装置的风门布置如图1-4所示。

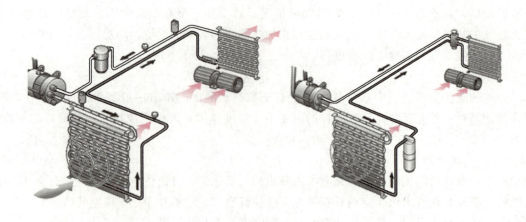

图 1-2 制冷系统组成及布置

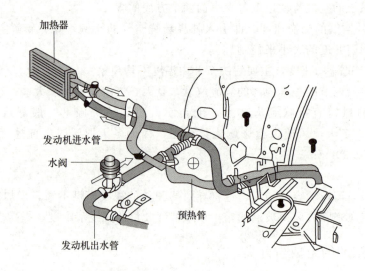

图 1-3 取暖装置的组成

图 1-4 通风装置的风门布置

通风系统通过鼓风机、进风口风门和风道，将外部新鲜空气吸进车内，起到通风和换气的作用，同时，通风对防止风窗起雾也起到良好的作用。

(4)空气净化装置 除去车内空气的尘埃、臭味、烟气以及有毒气体,使车内空气变得清新。同时,在空气湿度较低的时候,对车内空气进行加湿,以提高车内空气的相对湿度。配备空气净化装置的汽车空调在高级轿车和豪华客车上应用较多。

(5)电气控制装置 控制电路主要包括点火开关、A/C开关、电磁离合器、鼓风机开关及调速电阻器、各种温度传感器、制冷剂高低压力开关、温度控制器、送风模式控制装置、各种继电器等。

温度控制器以蒸发器表面的温度作为控制信号,控制电磁离合器的动作。如果压缩机温度过高,高压部分会因压力异常而损坏,所以设有过热开关或高压压力开关;如果系统制冷剂缺乏,则可能冷冻机油也缺乏,压缩机若在这种干摩擦情况下运转,容易损坏,因此设有低压压力开关,当系统压力过低时会自动切断压缩机的电源。像这样通过控制压缩机电磁离合器的吸合与断开,防止制冷系统压力过高;通过温度传感器、温度控制器等控制乘员室内空气的流速、方向和温度,实现驾驶员设定的温度范围,完善了空调系统的正常工作。

对于设有微型计算机控制的空调系统,其压缩机的开停(或水阀的开启度)可满足空调系统处于最经济状态和所要求的各种冷暖状态。

为了解决汽车怠速、加速等运行工况下的动力匹配及散热器冷却问题,近年来比较多地采用提高怠速转速的办法。

2. 汽车空调的分类

汽车空调可按驱动方式、功能、温度可调区域、送风方式和控制方式等进行分类。

(1)按空调压缩机驱动方式分

① 独立式空调 独立式空调又称为主动式汽车空调,由专用空调发动机来驱动(辅助发动机驱动)制冷压缩机。独立式汽车空调系统的制冷量大,其运行过程稳定,不受主发动机工作情况的影响,但成本高,体积及质量大,多用于制冷量较大的大中型客车上。其工作原理如图1-5所示。

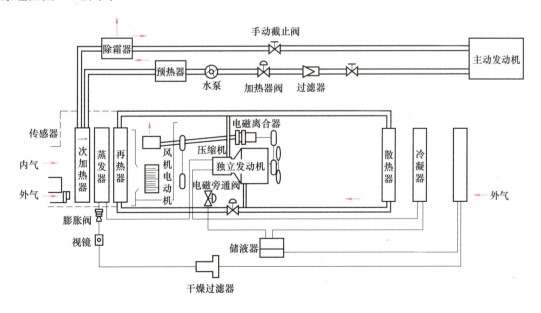

图1-5 独立式空调工作原理

② 非独立式空调　非独立式空调又称为被动式汽车空调，由汽车发动机直接驱动制冷压缩机。这种汽车空调结构紧凑，但其消耗发动机10%～15%功率，降低汽车后备功率，影响发动机的动力性，工作稳定性较差。一般小型客车和轿车采用非独立式汽车空调，如图1-6所示。

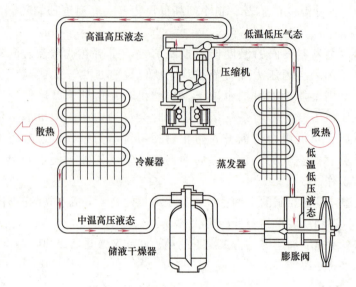

图1-6　非独立式空调工作原理

(2) 按功能分

① 单一功能型　单一功能指冷风、暖风各自独立，自成系统，一般用于大中型客车和载货汽车上。单一功能型又可分为单一取暖和单一制冷两种形式。

② 冷暖一体型　冷暖一体是指冷暖风合用一台鼓风机、一个风道及一套操纵机构。在制冷系统的基础上增装加热器及暖风出口，其结构形式如图1-7所示。

这种结构又可分为冷、暖风分别工作和冷、暖风可同时工作两种方式。冷暖一体型汽车空调结构紧凑，操纵方便，需要驾驶员手动控制其出风量和冷暖转化模式（也就是常说的手动空调），增加了驾驶员行车时的操作，多用于轿车上。

③ 全功能型　全功能型空调是在冷暖一体型空调的基础上改良而来的，如图1-8所示。

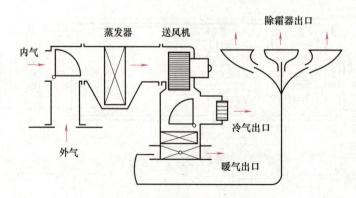

图1-7　冷暖一体型空调结构形式

这种形式的汽车空调集制冷、供暖、除霜、去湿、通风、净化等功能于一体，可同时工作，实现从冷到热连续温度的调节。

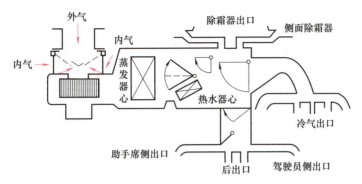

图 1-8　全功能型汽车空调

（3）按温度可调节区域分

① 单区空调系统　单区空调系统只能调节整个车内保持一个合适温度。

② 双区空调系统　双区空调系统是通过两个温度翻板单独控制驾驶员侧和副驾驶侧两侧的温度。

③ 四区空调系统在一些高级轿车上加装，可以对车内左前、右前、左后、右后四个区域进行单独的温度调节。一般只有自动空调可以进行分区温度调节。

（4）按送风方式分

① 直吹风　空调风（冷或热）直接从空调吹出，其结构比较简单，风阻损失小，但送风不均匀。一般轿车、货车、中小型旅游车常采用这种方式。

② 风道式　空调风通过车内风道送出。送风口布置的原则是冷风出风口布置在上面（尽可能在车顶下），暖风出风口布置在下面（尽量在地板上），以满足"头凉足暖"的要求，即有上、下两层风道。这种方式送风比较均匀，但零件增加，风道阻力增大，因此送风机功率要大，主要用于大中型客车。

（5）按控制方式分

① 手动空调　车内通风的温度控制是驾驶员通过仪表板上空气控制杆、温度控制杆、进气杆和风扇开关等来操纵通风管道上的各种活门来实现的，大多数经济型轿车都采用旋钮式的手动空调。

② 半自动空调　半自动空调与手动空调主要区别在于采用了程序装置、伺服电动机或控制模块等操纵机构，其操纵系统可根据驾驶员的设定工作，将空调温度控制在设定的值，但是风速还是手动调节的，如图 1-9 所示。一般装配在中档轿车上，如大众波罗、速腾等。

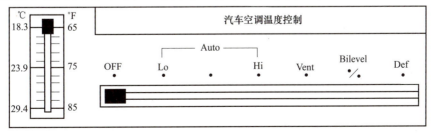

图 1-9　半自动空调控制面板

③ 全自动空调　全自动空调是利用传感器随时监测车内外温度的变化，并把检测到的信号送给空调的电子控制单元（ECU）。如图 1-10 所示。

图 1-10　全自动空调控制面板

ECU 则按预先编制的程序对信号进行处理，并通过执行元件，不断地对风机转速、出风速度、送风方式及压缩机工作状况等进行调节，从而使车内温度、空气湿度及流动状况始终保持在驾驶员设定的水平上。一般装配在中高档轿车上，如广州本田雅阁、一汽奥迪、通用别克、凯美瑞、福美来等自动挡豪华版轿车就装配着全自动空调。

3. 汽车空调的特点

汽车的使用环境以及自身的特点决定了汽车上安装的空调应具备自身的特点，要求比家用空调更能适应恶劣的环境，综合来说汽车空调应具备以下特点。

① 汽车空调动力来源于发动机或辅助发动机。不便于用电力作为动力源，因而在动力源处理上要比房间空调困难得多。

② 汽车空调制冷量大、降温速度快。车内乘员密度大，产生热量多，热负荷大，而冬天人体所需的热量也大；汽车为了减轻自重，隔热层薄，汽车的门窗多、面积大，所以汽车的隔热性能差，热量流失严重；此外，汽车都在野外工作，环境险恶，千变万化。要使汽车空调能迅速地降温，在最短的时间内达到最舒适的环境，要求制冷量特别大。非独立式空调系统，由于发动机的工况变化频繁，所以制冷系统的制冷剂流量变化大。例如，汽车高速运动时，发动机的转速高达 6000r/min，而在怠速时才 600～700r/min，两者相差 10 倍之多，这导致压缩机输送的制冷剂变化大，制冷流量变化大，导致汽车空调设计困难，制冷效果不佳，而且会引起压力过高或者压缩机的液击现象而发生事故。

③ 汽车空调工作环境恶劣，但抗冲击力强。汽车空调安装在运动中的车辆上，承受剧烈、频繁的振动和冲击，因此汽车空调的各个零部件具有足够的强度和抗振能力，接头牢固并防漏。

④ 汽车空调结构紧凑，质量小。由于汽车本身的特点，要求汽车空调结构紧凑，能在有限的空间进行安装，而且安装了空调器后，不至于使汽车增加质量太多，影响其他性能。现代汽车空调的总质量已经比 20 世纪 60 年代下降了 50%，是原始汽车空调装置质量的 1/4，而制冷能力却比 20 世纪 60 年代增加 50%。

汽车空调控制面板认知

三、汽车空调的布置与操作

1. 汽车空调的位置布置

（1）轿车空调位置的布置　由于空间限制，轿车空调的布置常常采用非独立式压缩机，即压缩机由发动机通过皮带驱动，一般轿车制冷系统的布置如图 1-11 所示。

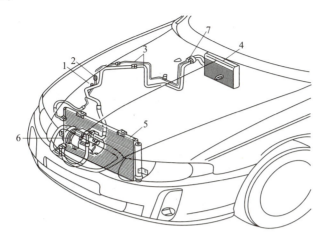

图 1-11 一般轿车空调布置
1—低压维修接口；2—高压维修接口；3—制冷系统管路；4—蒸发器；5—冷凝器；6—压缩机；7—膨胀阀

压缩机通过发动机曲轴的带轮驱动，中间通过电磁离合器控制动力接通和断开。整个制冷系统的装置大部分布置在发动机舱内：压缩机一般固定在发动机的一侧，蒸发器一般安装在驾驶室内，内藏在仪表板内空调器的通风管路中，冷凝器安置在发动机冷却水散热器的前面，用冷凝器风扇和行驶时的流动风进行热交换。储液干燥器安装在靠近冷凝器处，最好离发动机远一点，以免受其散热的影响。蒸发器和膨胀阀一起装在一个箱体内，安装在车室内或靠近车室的发动机室内。蒸发器有的布置在仪表的中间或下方，为仪表式，也有的布置在后部，由前向后送风。

(2) 客车空调的布置　我国的客车空调一般采用三种布置形式。

① 整体裙置式。这种布置方式将压缩机、辅助发动机、冷凝器、蒸发器用传动带和管道连成一个整体布置于客车地板下，也叫整体式空调。该方案安装方便，制冷系统不外露，车的外观不受影响，因此常见于高档旅游客车；但是由于蒸发器位于地板下方，送风机的功率要求较大。

② 冷凝器、蒸发器集中置顶，压缩机和辅助发动机裙置式，也叫分体式空调。这种布置方式特点是安装灵活、维修方便，是我国最常见的一种客车空调布置方式。

③ 冷凝器、蒸发器集中置顶，压缩机后裙置式，该方案安装维修方便，噪声低，但是仅仅适合于大功率后置式发动机的非独立空调系统。也叫分散式空调，如图 1-12 所示。

2. 空调出风口的布置

为了调整不同的出风口，达到除霜和改变气流分布的目的，仪表台上设置有不同的出风口。驾乘人员可根据自己的需求确定哪些出风口出风，以提供更舒适的环境。出风口设置如图 1-13 所示。

3. 空调操作面板的布置

汽车空调的操作面板包括手动空调操作面板和自动空调操作面板，从面板设置上又可分为旋钮式和按键式两种。

(1) 手动空调操作面板　手动空调冷热的选择、风速的大小和出风口的调整以及内外循

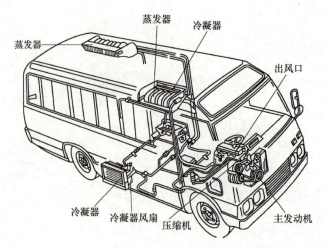

图 1-12 分散式空调

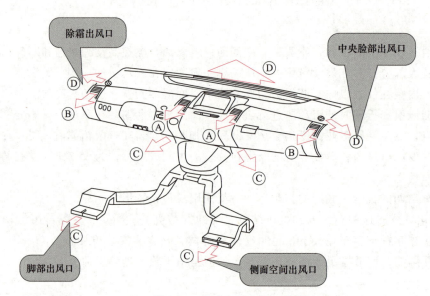

图 1-13 汽车空调出风口设置

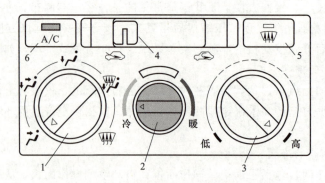

图 1-14 旋钮式手动空调操作面板
1—空调分配旋钮；2—温度旋钮；3—鼓风机转速旋钮；
4—空调循环拉杆；5—后除霜开关；6—空调开关

环的状态需要驾乘人员手动来调整。如图1-14所示为旋钮式手动空调操作面板示意图。

手动空调操作面板上各旋钮名称和作用如表1-1所示。

（2）手动空调的使用操作

① 夏季制冷

表1-1　手动空调操作面板上各旋钮名称和作用

操作按钮	名称	作用
 A/C	A/C开关	按下按钮,指示灯信号灯亮起,制冷空调打开
	胸部	空调中间出风口出风
	双程	吹向乘客和脚部空间
	脚部	空气分配旋钮转到此位置,空气主要从脚部通风口吹出
	除霜及脚部	空气分配旋钮转到此位置,空气从除雾通风口和脚部通风口吹出
	除霜	空气分配旋钮转到此位置,空气流向风挡除霜
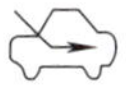	外循环	新鲜空气进入驾驶室,当外界空气质量不高时,关闭外界循环
	内循环	按下开关,空气车内循环,可以快速取暖和制冷,但是不宜长时间使用
	后窗除霜	后窗玻璃加热,为避免电能过度消耗,该功能会自动关闭

a. 先打开车窗，释放积聚在车内的热气。

b. 关上车窗，开空调 A/C 开关。

c. 温度选择开关调到蓝色区域，将鼓风机速度选择开关开到最大挡位，选择外界空气循环模式，最好选择脸部挡位，不要选择吹挡风玻璃挡。

d. 达到正常舒适状态时，可调小鼓风机挡位至2挡或1挡，维持车内舒适的温度和风速。

如果温度不是很高，可以按住 ECON（经济模式按钮），此时空调系统只吹风不制冷，可以节省燃料。

② 夏季去除挡风玻璃的雾气

a. 打开一点车窗,利用外界空气,快速降低驾驶室内的湿度。

b. 打开空调 A/C 开关,选择室外空气循环模式,空气流分配方向选择,利用空调制冷除湿功能。

c. 湿度过大时,两者配合使用效果更好。

③ 冬季采暖除霜

a. 启动发动机,热车。

b. 把室内循环打开。

c. 把温度选择开关,调到红色区域(蓝为冷风,红为暖风)。

d. 按压后风挡除霜开关,利用电热丝除去后风挡的霜。

(3) 自动空调操作面板　图 1-15 是桑塔纳自动空调操作面板。一般的自动空调操作面板除了自动运行模式之外,同时设有手动调节模式。

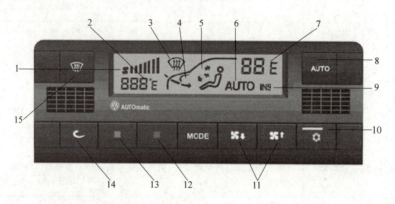

图 1-15　桑塔纳自动空调操作面板

1—风速显示;2—环境温度显示;3—除霜和除雾显示;4—内外循环状态显示;5—出风模式显示;6—自动运行显示;7—设定温度显示;8—空调自动运行按钮;9—设备故障显示;10—压缩机运转显示;11—鼓风机转速按钮;12—(蓝色)温度降低调节按钮;13—(红色)温度升高调节按钮;14—循环空气模式;15—前风窗除霜按钮;MODE—气流分布按钮

(4) 自动空调的使用操作

① 自动运行模式。温度调节到 18~29℃ 之间,按压 AUTO 键。

② 最大功率工作模式。

③ 手动除霜。按压按钮后,温度自动调节、出风量最大,且都从除霜出风口吹出,此时空气循环运行模式和 ECON 模式自动关闭。再次按压此按钮或 AUTO 键后,关闭此功能。

④ 手动循环空气运行模式。

(5) 空调使用过程中的注意事项

① 汽车在熄火前要注意先关掉空调。

② 车厢内最好不吸烟。

③ 热车后使用暖风。

④ 尽量避免车辆在高速行驶时开启空调,建议在行驶速度较低时开启。

⑤ 定期更换空气滤清器。

项目一 汽车空调认知

任务实施

请按小组的形式开展角色扮演，并结合实际情况相互问一些问题，例如：
1. 汽车空调的功能有哪些？
2. 汽车空调由哪些部分组成？按照什么方式进行分类？
3. 汽车空调的布置与操作方法有哪些？

任务三　汽车空调的热力学基本知识

任务导入

汽车空调与一般家用空调有近乎相同的功能，夏天制冷，为乘客带来阵阵凉风；冬天制热，给乘客带来丝丝暖意。那么汽车空调实现制冷和制热的热力学原理是什么呢？

知识准备

1. 温度与湿度

湿度是用来衡量空气中含有水蒸气量多少的物理量。湿度通常有三种表示方法，即绝对湿度、含湿量、相对湿度。

① 绝对湿度：$1m^3$ 湿空气中所含水蒸气的质量，叫空气的绝对湿度。
② 含湿量：每 $1kg$ 干空气中所含有的水蒸气的质量，叫空气的含湿量。
③ 相对湿度：湿空气中实际所含的水蒸气量与同温度下饱和湿空气所含的水蒸气量的比值，叫空气的相对湿度。

温度是物体冷热程度的量度。物体温度的高低，可用温度计来量度。最常用的温度计有水银温度计和酒精温度计。温度计的温标一般有摄氏温标、华氏温标（欧美用）和绝对温标，如图1-16所示。

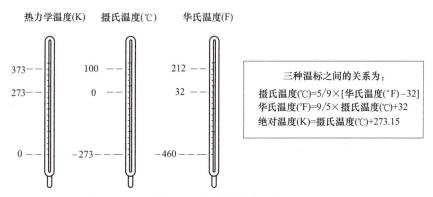

图1-16　温度的标定方法

2. 压力与真空度

压力是垂直作用于物体单位面积上的力，常用 p 表示，其单位为Pa（帕斯卡，简称

15

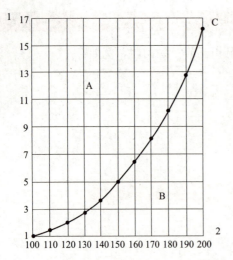

图 1-17 水的汽压曲线

A—液态；B—气态；C—水的汽压曲线；1—压力（bar, 1bar=101.325kPa）；2—温度（℃）

帕）。例如水的汽压曲线如图 1-17 所示。保持温度不变的情况下，随着压力的变化可以改变气液状态的变化。

压力通常有三种表示方法，即绝对压力、表压力、真空度。

（1）绝对压力 $p_绝$：绝对压力表示的是实际的压力值，是把完全真空状态作为零值。

（2）表压力 $p_表$：表压力表示通过压力表上指示读出的压力值。它是将标准大气压作为零值，在此基础上进行压力计算的结果。

（3）真空度 $p_真$：真空度是低于标准大气压力的数值。

3. 汽化与冷凝

物质由液态变为气态的过程称为汽化。1kg 液体转变为气体所需要的热量，叫做该物体的汽化热。冷凝也叫作液化，是指气态物质经过冷却使其转变为液体。其关系如图 1-18 所示。

物质一般有气态、液态和固态三种物理状态，三者之间状态可以通过改变外界条件进行改变，其具体变化过程如图 1-19 所示。

图 1-18 汽化与液化关系

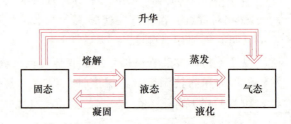

图 1-19 物理状态变化过程

4. 热量与热容

衡量物体吸收或者释放热的多少的物理量叫做热量，热量的单位为焦耳（J）。热的传递有传导、对流和辐射三种形式。把单位质量（1kg）物体的温度升高 1℃ 所需要的热量叫热容。热容的单位为 J/(kg·℃)。

5. 显热与潜热

水未达到 100℃ 之前，所加的热能使温度上升，这种热能感觉出来，我们称之为显热。水达到 100℃ 以后，继续加热的，用于使液体变成气体发生状态变化，这种热叫做潜热。潜热按物体状态不同，可分为液化潜热、凝固潜热、熔解潜热、蒸发潜热、升华潜热五种。

6. 节流

在流体通路中，通道突然缩小，液体压力便下降，如果此时产生气体，则总体积还要增

项目一 汽车空调认知

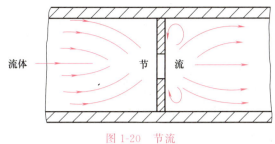

图1-20 节流

大。这种变化只是状态的变化，与外界没有热和功的交换，因此流体的热量不变，这种状态变化称为节流，如图1-20所示。

任务实施

请按小组的形式开展角色扮演，并结合实际情况相互问一些问题，例如：
1. 温度与湿度的含义是什么？
2. 知道汽化与冷凝的物理意义是什么？
3. 显热与潜热、热量与热容的含义分别是什么？

练 习 题

一、填空题

1. 汽车空调具有调节_____、调节_____、调节_____、_____等功能。
2. 汽车空调系统由_____、_____、_____以及电器控制装置等组成。
3. 汽车空调按温度可调节区域可分为_____式空调、_____式空调以及_____式空调。
4. 汽车空调按照驱动方式可以分为_____式空调和_____式空调。
5. 汽车空调按照控制方式可以分为_____空调、_____空调以及_____空调。
6. 压力通常有三种表示方法，分别为_____、_____、_____。

二、选择题

1. 请选择正确的单位换算（　　）。
   A. 1013.25kPa＝1.03kgf/cm² ＝760mmHg＝14.6psi≈1bar
   B. 101.325kPa＝1.03kgf/cm² ＝760mmHg＝14.6psi≈10bar
   C. 101.325kPa＝10.3kgf/cm² ＝760mmHg＝14.6psi≈1bar
   D. 101.325kPa＝1.03kgf/cm² ＝760mmHg＝14.6psi≈1bar
2. 汽车空调系统的主要作用是（　　）。
   A. 通过制冷来降低驾驶室内的温度
   B. 根据需求调节驾驶室的温度
   C. 通过暖风水箱进行换热来提高驾驶室温度
   D. 通过内外循环风板调节驾驶室空气的清新
3. 不是客车空调一般采用的布置形式的是（　　）。
   A. 整体裙置式
   B. 压缩机后裙式、蒸发器和冷凝器顶置式

C. 压缩机、蒸发器和冷凝器顶置式
D. 压缩机和辅助发动机裙置、蒸发器和冷凝器顶置式
4. 以下关于热传递的说法正确的是（　　）。
A. 热量总是从低温区向高温区传递
B. 热量总是从高温区向低温区传递
C. 热量可以在高温和低温区之间自由传递
D. 以上都不正确

三、简答题

1. 汽车空调有何特点？发展经历了哪些阶段？
2. 汽车空调系统主要由几部分组成？各自的作用分别是什么？
3. 使用制冷剂时应该注意什么？

汽车空调制冷
系统检修

汽车空调制冷系统部件检修

 项目描述

作为维修人员，必须熟悉空调系统制冷原理和制冷系统的部件组成，并且能够对压缩机、节流装置、热交换器和储液装置等制冷部件按照企业的操作规范和流程进行性能检验和故障修复工作。

 技能要点

会描述汽车空调制冷系统的工作原理，会拆装及检修汽车空调制冷系统压缩机、冷凝器、膨胀装置、储液干燥器与积累器及其他辅助元件等主要零部件。

 知识要点

知道汽车空调制冷系统的结构原理，认识汽车空调制冷系统中压缩机、冷凝器、膨胀阀与节流管、储液干燥器与积累器及其他辅助元件的结构，并理解其工作原理。

任务一　汽车空调制冷系统的工作原理与类型

 任务导入

接待的维修客户反映：一辆2009年生产的速腾1.6L轿车（装备自动变速器），行驶了1.5万公里。有时出现空调不制冷现象，要求汽车维修技术人员能够解决客户汽车空调的问题。

 知识准备

一、汽车空调制冷系统的组成

蒸气式制冷装置，是由压缩机、冷凝器、膨胀阀（节流管）、蒸发器这四大部件加上一些辅助设备，用管道依次连接组成的。

同样，汽车空调制冷系统也是由制冷四大部件以及辅助设备和软管组成，制冷剂在封闭的系统中循环流动，其具体结构组成如图 2-1 所示。

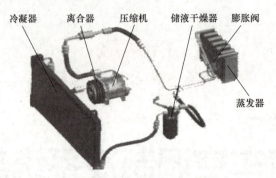

图 2-1　汽车空调制冷系统组成

二、汽车空调制冷系统的工作原理

空调压缩机把低温低压气态制冷剂（冷媒）压缩成高温高压气态后进入冷凝器，使其能在冷凝器内将热量释放给车外的空气，失去热量的气态制冷剂在冷凝器内冷凝成中温高压的液态制冷剂，液态的制冷剂在通过节流装置时，又转变成低压低温的液态制冷剂，然后进入到蒸发器中在低压下汽化，由于制冷剂在蒸发器内汽化时的温度低于蒸发器外空气的温度，因此能吸收将被强制送入车厢内的空气中的热量，使进入车厢内的空气降低温度，产生制冷效果。从蒸发器中出来的制冷剂又变成低温低压的气体，再次进入压缩机中去重新工作，如图 2-2 所示。

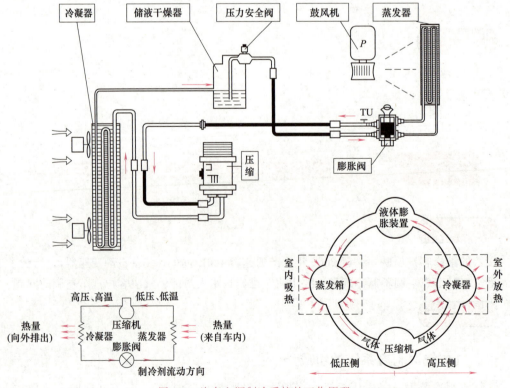

图 2-2　汽车空调制冷系统的工作原理

在制冷系统的密封回路中，制冷剂以不同的状态在制冷系统内循环流动，每个循环有四个基本过程。

（1）压缩过程　压缩机吸入蒸发器出口处的低温低压的制冷气体，把它压缩成高温高压的气体，然后送入冷凝器。此过程的主要作用是压缩气体，以便于气体液化。压缩过程中制冷剂状态不发生变化，而温度、压力不断升高，形成过热气体。

（2）放热过程　高温高压的过热制冷剂气体进入冷凝器（散热器）与大气进行热交换。由于压力及温度降低，制冷剂气体冷凝成液体，并放出大量的热，此过程的作用是排热、冷凝。

（3）节流膨胀过程　高温高压制冷剂液体经膨胀阀节流降温降压，以雾状排出膨胀装置。该过程的作用是使高温高压的制冷剂液体迅速地变成低温低压液体，以利于吸热、控制制冷能力以及维持制冷系统的正常运行。

（4）吸热过程　经膨胀阀降温降压后的雾状制冷剂液体进入蒸发器，因此时制冷剂沸点远低于蒸发器内温度，故制冷剂液体在蒸发器内蒸发、沸腾成气体。在蒸发的过程中大量吸收周围的热量，降低车内温度。而后低温低压的制冷剂气体流出蒸发器，等待被压缩气体再次吸入。

上述过程周而复始地进行，便可使汽车内温度达到并维持在设定的状态。

三、制冷系统的类型

对于一般非独立式汽车空调制冷系统，当汽车高速行驶时，压缩机将供给最大量的制冷剂，在蒸发器内经过蒸发吸热，蒸发器周围空气的相对湿度随蒸发器温度的降低而增加，此时在蒸发器翅片上的相对湿度可达100％。这时若翅片的表面温度又降至0℃以下，则翅片表面的水将发生冻结，且随着时间的延长，空气中在翅片上凝结的水增多，冻结的冰层将加厚，直至堵塞蒸发器的空气通路。这样，由于冰层布满蒸发器表面，使得它内部的制冷剂因不能吸收周围空气的热量得到蒸发，这种液态的制冷剂送至压缩机，将使压缩机发生"液击"而受到损坏。所谓"液击"，就是通过饱和蒸气即含有未蒸发完的液态制冷剂的气体在压缩升温为过热蒸气过程中，其中所含液滴迅速蒸发，所释放出的能量如同在压缩机的气缸中发生爆炸，使气缸中的压力瞬间骤增，活塞的阻力突然加大，就像受到重击一样。压缩机中如果产生"液击"现象，轻者进、排气阀断裂，元件变形，严重时则压缩机体开裂，所以在蒸发-压缩循环制冷系统中必须禁止"液击"现象的发生。

防止蒸发器冻结，是汽车空调制冷系统必备和特有的功能。事实上防止蒸气冻结，关键是控制蒸发器的温度。所以汽车空调制冷系统的控制，实质上便是蒸发器温度的控制。目前，主要采用的是控制其表面温度和制冷剂蒸发压力的方法来控制蒸发器温度。这两种方法均是通过节流装置和蒸发器控制阀、恒温器来实现的，因此，汽车空调制冷系统可分为两类：恒温控制的循环离合器系统和蒸发器压力控制系统。

1. 恒温控制的循环离合器系统

所谓恒温控制的循环离合器系统，就是将恒温器设定在预定的温度范围内，当超过阈值时，切断或接通电磁离合器，使压缩机处于通-断循环状态的一种控制系统，该系统一般用于经济型轿车、货车空调上。

（1）循环离合器孔管（CCOT）系统　该系统用一根固定式节流管代替热力膨胀阀对制冷剂进行节流减压降温作用，称为循环离合器孔管CCOT（Cycling Clutch Orifice Tube）

系统。该系统常用恒温开关控制,如图2-3所示。

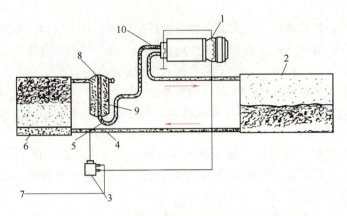

图2-3 安装恒温开关控制的CCOT系统

1—压缩机离合器;2—冷凝器;3—恒温开关(当毛细管温度下降至0℃时断开、而温度上升至7℃时闭合);4—孔管;5—回流管;6—蒸发器;7—接蓄电池;8—气液分离器;9—干燥剂;10—压缩机高压侧压力开关

在这种系统中,由于节流元件是一个固定的孔管,这样可以充分保证热换面积,但是却不能保证从蒸发器出来的制冷剂全部是气态,因此,为了防止压缩机的"液击"现象发生,这种CCOT系统在蒸发器和压缩机之间设置了气液分离器,取消了储液干燥器,气液分离器位于发动机舱内,既可以使未蒸发完的液态制冷剂分离出去,同时又可以把多余的制冷剂储存起来,因而这种制冷系统的温度只能是依靠离合器的通断进行调节了。

CCOT系统也可以用压力开关控制。压力开关安装在储液器上,如图2-4所示。

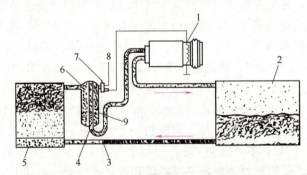

图2-4 用压力开关控制的CCOT系统

1—压缩机离合器;2—冷凝器;3—孔管;4—回流管;5—蒸发器;6—气液分离器;7—压力开关;8—接蓄电池;9—干燥剂

CCOT制冷系统的优点是:使面积非常紧凑的蒸发器充分发挥了热换效率,维持了较低的送风温度,有效地防止了"液击"现象的发生,简化了系统,降低了制造成本。

缺点是:分离出来的液态制冷剂不能全部用于制冷,尤其是在发动机高速运转时,很大一部分液态制冷剂并没有参与热交换就进入气液分离器,因此整个制冷系统的效率非常低,经济性较差,同时气液分离器的体积比储液干燥器大得多,这给其设置增加了一定的难度,只有发动机舱较大的车型才能配用,对于目前轿车趋于家庭化、小型化、经济化这一缺点也是致命的。

（2）循环离合器膨胀系统　为了防止"液击"现象的发生，常规的制冷系统中牺牲了蒸发器的一些换热面积，使蒸发器出口处的制冷剂有一定的"过热度"。所谓的过热度就是保证进入压缩机的气态制冷剂绝对不含有未蒸发完的液滴，即在蒸发器出口的温度值要高于制冷剂变成临界饱和蒸气的最低温度。但这种过热度又不能太大，以免过多减少蒸发器的换热量，同时被冷却空气的温度和湿度随时在变化，也就是说热负荷随时在变化。为解决这一矛盾，保证蒸发器出口有一个稳定的过热度，开发了节流的热力膨胀阀装置，热力膨胀阀能根据空气热负荷的变化，通过加大或减小液态制冷剂的流量来适应热负荷，维持蒸发器出口处的制冷剂蒸气有一定的过热度。

这种制冷系统中，在冷凝器与节流元件之间设有储液干燥器，主要是考虑到当需要增加制冷剂时就会有多余的液态制冷剂可供使用，不至使节流元件出现气堵，同时还在储液器里放置干燥剂袋，以吸收制冷剂中的水分。

循环离合器膨胀系统的膨胀阀只能控制过热，不能保证蒸发器不结冰。因此，要将恒温开关安装在蒸发器上或风箱内，用以控制压缩机的启动和停止，如图2-5所示。

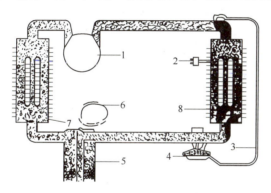

图2-5　用膨胀阀的循环离合器系统

1—压缩机；2—恒温开关；3—毛细管；4—膨胀阀；
5—储液干燥器；6—视液窗；7—冷凝器；8—蒸发器

在以前，循环离合器膨胀系统是多数轿车采用的一种制冷系统，是一种技术较为成熟的制冷形式，已经使用了很多年。这种系统运用在独立式汽车制冷系统中技术较为完善，但用在压缩机变幅度很大的非独立式汽车制冷系统中就存在一定的问题了，这是因为热力膨胀阀调节范围是有限的，压缩机转速的大幅度变化就相当于制冷剂的体积流量发生大幅度变化，汽车行驶时，当风速选定后，可认为蒸发器热负荷不变，制冷剂流量的忽大忽小，使蒸发器出口处的过热度也随之忽大忽小，汽车加速时，压缩机转速随之升高，在热力膨胀阀尚未动作之前，蒸发器内的温度和压力迅速降低，制冷剂的流量迅速增大，引起出口过热度减小，热力膨胀阀理应快速减小开度，但由于其反应时间长，动作迟缓，就产生了一方面使出风口忽冷忽热，另一方面也很容易对压缩机产生"液击"的现象。为了防止"液击"现象，只有增加低速时蒸发器出口的过热度，使本来工作容积很小的蒸发器可供进行热交换的面积进一步减少，这样就降低了制冷系统的工作效率。因此，效率低、气流不柔和是循环离合器膨胀系统的致命弱点。

2. 蒸发器压力控制系统

由于恒温器控制的循环离合器系统是通过压缩机的间断工作来达到防止蒸发器结冰的目

的，结果使汽车空调的温度波动比较大，影响了其舒适性，另外，压缩机的频繁启动，也影响发动机工况的稳定，还易造成离合器的损坏。采用吸气节流阀的蒸发器压力控制系统，便能克服以上缺点。

因饱和温度和压力有着一定的对应关系，若控制器在 0℃时对应的制冷剂的饱和蒸气压力不再降低，便可以防止蒸发器表面不结冰。而此时压缩机仍在运行，所以蒸发器内的制冷剂还在蒸发，不过其制冷量只需维持其表面不结冰的状况即可。这样，输送出的冷气量仍然能保持车内温度和湿度处于一个相对平衡状态，汽车空调的舒适性也得到提高。所以，蒸发器压力控制系统也称传统温控系统，只要选定空调功能，该系统就连续运行。

(1) STV 和 POA 系统　用吸气节流阀（STV）或先导阀操作的绝对压力阀（POA）控制蒸发器温度，防止其结冰。用膨胀阀作为节流降压装置，储液干燥器安装在高压侧，STV 或 POA 阀安装在低压侧，如图 2-6 所示。

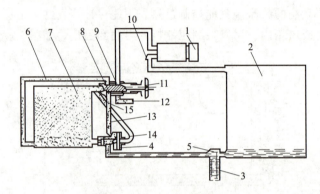

图 2-6　装用 STV 的蒸发器压力控制系统

1—压缩机；2—冷凝器；3—储液干燥器；4—热力膨胀阀；5—视液窗；6—回流管；7—蒸发器；8—加液阀；9—吸气节流阀；10—排气压力表接口；11—发动机真空歧管；12—STV 压力检测接口；13—外平衡管；14—毛细管；15—感温包

(2) VIR 系统　该系统用阀罐（VIR）控制蒸发器温度，就是把膨胀阀和 POA 阀都集中安装在储液干燥器的上部，三者构成一个部件（阀罐），如图 2-7 所示。图中，4 根外接软管 4、6、9、10 分别传送高压液态、低压液态、气态制冷剂。

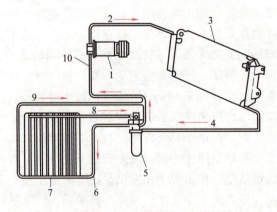

图 2-7　装用 VIR 的蒸发器压力控制系统

1—压缩机；2—高压高温排气；3—冷凝器；4,6—液态制冷剂管路；5—VIR 阀罐；7—蒸发器；8—吸气管路；9—回流管；10—低压低温回气管

项目二 汽车空调制冷系统部件检修

这种制冷系统是中高级轿车上汽车空调通常采用的形式。

▌任务实施

1. 初步诊断，确认故障现象。
2. 查找知识准备，学习相关知识，分析汽车空调制冷系统工作原理。
3. 判断故障类型，确定故障范围。
（1）汽车空调制冷系统失效的现象及分析。
（2）汽车空调制冷系统失效的故障诊断与排除。
4. 对小组成员进行合理分工，制订详细可实施的故障诊断与排除方案。
5. 找出故障点，排除故障。
6. 总结故障排除过程，完成诊断报告。

任务二　空调压缩机检修

任务导入

在一炎热的夏天某品牌4S店售后接待员王先生接待了一位顾客，顾客抱怨说天气炎热，汽车空调制冷效果不明显，每次开车都是汗流浃背，要求尽快维修，保证空调正常制冷。维修工小李经检查后确定是压缩机故障，需要对压缩机进行维修。

知识准备

一、对压缩机的要求

（1）对汽车空调压缩机的特殊要求

① 在低速行驶或怠速时具有效率高、制冷能力强的特点；在高速行驶时又要求输入的功率低。

② 体积小、重量轻。压缩机必须在发动机和水箱风扇之间的有限空间安装固定，有必要时采用尺寸小、重量轻的压缩机。

③ 耐高温和抗振性好。在高温、怠速情况下，发动机室的压缩机温度可高达121℃，汽车行驶时颠簸振动也很大。这就要求压缩机在高温和颠簸振动的情况下也能正常工作。

④ 工作平稳。要求压缩机运转平稳、噪声低，对发动机的转速不应产生较大的影响。

（2）汽车空调压缩机的作用

① 抽吸作用　有了压缩机的抽吸作用，才能使蒸发管内的压力降低。制冷剂才能在低温下沸腾，从而使系统向车厢内排出冷气。

② 循环泵作用　制冷剂在系统中需要不断地循环，压缩机就是制冷剂循环的动力来源（故也有人把其称为空调泵）。

③ 压缩作用　压缩机吸入的是低温低压的制冷剂蒸气，只有经过它的压缩，才能把低温低压的制冷剂蒸气转变为高温高压的制冷剂蒸气。制冷剂蒸气进入冷凝器后才能向外界排

出热量。

二、汽车制冷压缩机的类型与结构组成

1. 往复式压缩机

常见的往复式汽车空调压缩机主要有曲轴连杆式压缩机和轴向活塞式压缩机，是靠活塞在缸内运动来压缩制冷剂蒸气的。

（1）曲轴连杆式压缩机（第1代压缩机）　该种压缩机通过容积变化来压缩气体，原理和活塞发动机一样，如图2-8所示。

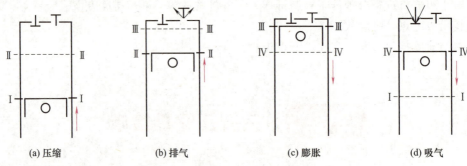

图2-8　曲轴连杆式压缩机的工作过程

但压缩机是一种泵，这一点和发动机恰好相反。当曲轴外力带动旋转时，活塞上下移动。活塞下移时产生真空，从蒸发器吸进制冷剂蒸气；活塞上移时，压缩制冷剂蒸气至冷凝器，其结构如图2-9所示。

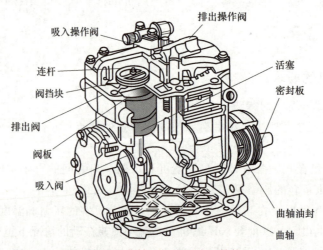

图2-9　曲轴连杆式压缩机结构

曲轴连杆式压缩机的活塞在运行过程中可分为4个过程：压缩、排气、膨胀和吸气。

① 压缩过程　活塞在曲轴的带动下在气缸内运动，当活塞运行至气缸最低点（下止点Ⅰ—Ⅰ）时，气缸内充满了由蒸发器吸入的制冷剂气体。当活塞上行时，进气阀被关闭，而排气阀因缸内压力尚低而不能被打开。活塞上行，缸内体积缩小，即气缸内工作容积不断变化，密闭在气缸内的制冷剂气体的压力和温度不断升高。当活塞向上移动到一定的位置（Ⅱ—Ⅱ）时，即气缸内气体压力略高于排气阀上部的压力时，排气阀被打开，开始排气。

制冷剂气体在气缸内从进气时的低压升高到排气时的高压的过程称为压缩过程。

② 排气过程　活塞继续向上运行，气缸内的制冷剂气体压力不再升高，而是不断地经过排气阀向排气管输出，直到活塞运动到最高位置（上止点Ⅲ—Ⅲ）时，排气过程结束。制冷剂气体从气缸内向排气管输出的过程称为排气过程。

③ 膨胀过程　当活塞运行到上止点时，由于压缩机的结构及工艺等原因，活塞顶部与气阀座之间存在一定的间隙，该间隙所形成的容积称为余隙容积。排气过程结束时，由于该间隙内有一定数量的高压气体，当活塞再下行时，排气阀已关闭，但进气阀并不能马上打开，使得吸气管内的气体不能很快进入气缸。这是因为残留的高压气体还需在气缸容积增大后膨胀，使其压力下降到气缸内的压力稍低于吸气管道内的压力时，进气阀才能打开。活塞从上止点向下止点移动到进气阀打开位置（Ⅳ—Ⅳ）的过程，称为膨胀过程。

④ 吸气过程　活塞继续下行，进气阀打开，低压制冷剂气体便不断地由蒸发器经吸气管和进气阀进入气缸，直到活塞下行至下止点为止，这一过程称为吸气过程。

完成吸气过程，活塞又上行，重新开始压缩过程，如此周而复始，不断循环。压缩机经过压缩、排气、膨胀、吸气四个过程，将蒸发器内的低压制冷剂气体吸入，使其压力升高后排入冷凝器，因此压缩机起吸入、压缩和输送制冷剂的作用。

(2) 轴向活塞式压缩机（第2代压缩机）　常见的有摇板式和斜盘式压缩机两种。摇板式的活塞运动属单向作用式，称作单向斜盘式压缩机；斜盘式的活塞运动属于双向作用式，称作双向斜盘式压缩机。

① 摇板式压缩机　摇板式压缩机的最大优点是工作平稳、结构紧凑、体积小，适合在空间狭小的车厢使用，其材料为铝合金，以减轻汽车自重。变容量摇板式压缩机可以无级自动调节能量输出，结构简单，相应的空调舒适性得到提高，能耗也得到降低。其结构组成与曲轴连杆式一样，由摇板、连杆、活塞、凸轮转子、吸气/排气阀等部件组成，如图2-10所示。

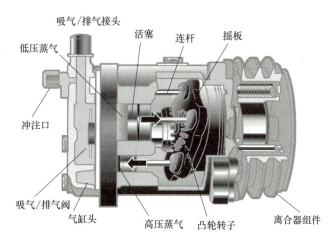

图 2-10　摇板式压缩机结构

工作过程也具有压缩、排气、膨胀、吸气四个过程。当活塞向右运动时，该气缸处于膨胀、吸气两个过程，而摇板另一端的活塞做反向的向左移动，使该气缸处于压缩、排气两个过程。主轴每转动一周，一个气缸便要完成上述的压缩、排气、膨胀、吸气的一个循环。一般的一个摇板配有五个活塞，这样相应的五个气缸在主轴转动一周时，就有五次排气过程。

摇板式压缩机的工作原理如图 2-11 所示。压缩机工作时,主轴带动传动板一起旋转。由于楔形传动板的转动,迫使摇板以钢球为中心,进行左右摇摆移动。摇板和传动板之间的摩擦力,使摇板具有转动的趋势,但是这种趋势被一对圆锥齿轮所限制,使得摇板只能左右移动,并带动活塞在气缸内做往复运动。

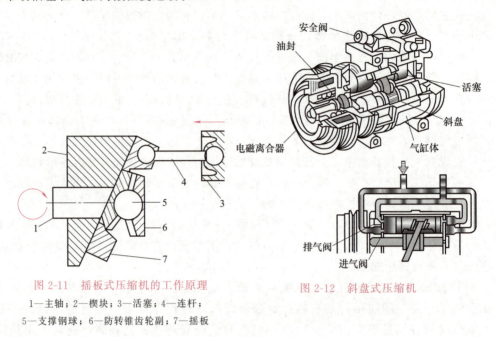

图 2-11 摇板式压缩机的工作原理
1—主轴;2—楔块;3—活塞;4—连杆;
5—支撑钢球;6—防转锥齿轮副;7—摇板

图 2-12 斜盘式压缩机

② 斜盘式压缩机 斜盘式压缩机结构如图 2-12 所示,主要部件是主轴和斜盘以及双头活塞。

这种压缩机通常在机体圆周方向上布置有 6 个或者 10 个气缸,各气缸以主轴为中心布置,每个气缸中安装一个双向活塞形成 6 缸或 10 缸机,如是 6 缸,3 缸在前部,3 缸在后部;如是 10 缸,5 缸在前部,5 缸在后部。双向活塞的两活塞各自在相对的气缸中,活塞一端在前缸中压缩制冷剂气体时,另一端在后缸中吸入制冷剂蒸气,反向时作用相反,各缸均具有进气阀和排气阀,另有一根高压管,用于连接前后高压腔。斜盘与压缩机主轴固定在一起,斜盘的边缘装合在活塞中部的槽中,活塞槽与斜盘边缘通过钢球轴承支承在一起。当主轴旋转时,斜盘也随着旋转,斜盘边缘推动活塞进行轴向往复运动。如果斜盘转动一周,前后两个活塞各自完成压缩、排气、膨胀、吸气一个循环,相当于两个气缸作用。由于斜盘式压缩机无连杆机构,所以工作可靠,结构也很紧凑,体积小,重量轻,排气脉冲比曲轴连杆式小,而且它是轴向卧式,方便直接安装在发动机体上,而不需要另外配机架,是目前汽车空调中应用最广泛的一种机型。

斜盘式压缩机的工作过程如图 2-13 所示:处于图 2-13(a)位置时,活塞向右移动至极限位置,前缸内压力降低,低压腔内的制冷剂从吸气口被吸入到前缸;当斜盘转至图 2-13(b)位置时,活塞向左移动,前缸内压力升高,缸内气体被压缩;当斜盘转至图 2-13(c)位置时,制冷剂被压缩成高温高压的气体从排气口排出,至此,完成一个循环。由于此活塞为双向活塞,因此右端活塞(图中"后缸")的工作原理与左端相同。

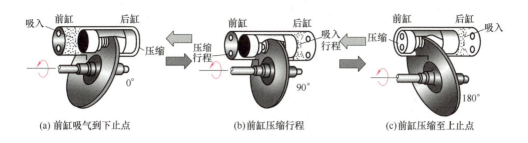

图 2-13 斜盘式压缩机的工作过程

2. 旋转式压缩机

旋转式空调压缩机主要有旋转叶片式压缩机、涡漩式压缩机,是靠回转体旋转运动替代活塞式压缩机活塞的往复运动,以改变气缸的工作容积,从而将一定数量的低压气态制冷剂进行压缩。

(1) 旋转叶片式压缩机　旋转式压缩机和往复压缩机都是依靠气缸容积的变化来达到制冷的目的,但是旋转式压缩机工作容积的变化不同于往复式压缩机,其工作容积变化除了周期性地扩大和缩小外,其空间位置也随主轴的转动不断发生变化。而且它的气缸有两种形式:一种是圆形,叶片有两片、三片、四片三种,如图 2-14 所示;一种是椭圆形,叶片配置为四片、五片两种。

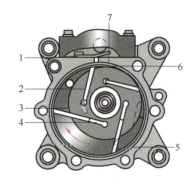

图 2-14 旋转叶片式压缩机

1—排气阀;2—转子;3—油孔;
4—叶片;5—进气口;6—转子和
气缸接触点;7—排气口

旋转叶片式压缩机主要由机体、转子、叶片三部分组成。转子外表面呈圆形,转子偏心地安装在气缸内,使二者在几何上相切,在气缸内壁与转子外表面间形成一个月牙形空间。转子上开有若干个纵向凹槽,在每个凹槽中都装有能沿径向自由活动的滑片。

当转子旋转时,转子上装有叶片,叶片在离心力的作用下从槽中甩出,其端部伸向气缸体的内壁,如图 2-15 所示。

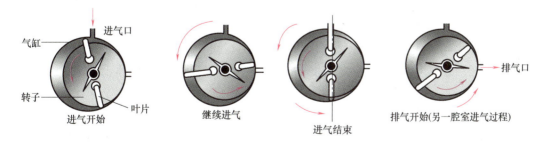

图 2-15 旋转叶片式压缩机工作过程

第一阶段,叶片、气缸体与转子三者之间构成了一个压缩室(如果多于一个叶片,就有几个压缩室);第二阶段,随着转子的逆时针旋转,压缩室的空间逐渐增大,叶片越过吸气孔后，制冷剂的压缩开始，因此制冷剂的压力和温度提高；第四阶段，叶片通过排气孔，高温的制冷剂经排气孔排出，并流向冷凝器。如此再重新开始吸气—压缩—排气—膨胀的工作过程。

（2）涡漩式压缩机　涡漩式压缩机也是一种用于汽车空调上比较新颖的旋转式空调压缩机，具有结构紧凑、效率高、可靠性高、噪声低等特点，尤其是用于变频控制运行。涡漩式压缩机的概念首先是由法国工程师于1905年提出的，但是由于受限于当时的加工技术，直到20世纪80年代初才开始批量生产。1982年，日本三电公司拉开了汽车空调涡漩式压缩机批量生产的序幕，其后日立公司、三菱电气、大金、松下，美国的考普兰和特灵也开始了涡漩压缩机的批量生产。

图2-16是涡漩式压缩机的结构，主要由涡线定子、涡线转子、机架、防自转机构、主轴5个部件组成。

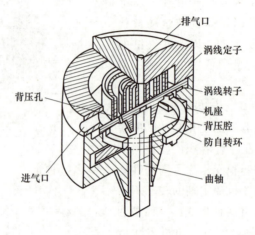

图2-16　涡漩式压缩机的结构

图2-17是涡漩式压缩机的工作原理，气体进入涡线定子与涡线转子的涡线间，通过涡线转子与涡线定子的相互接触可以实现制冷剂的压缩，制冷剂蒸气进入压缩机吸气孔和旋转涡线转子的外端口，压缩腔增大，使得制冷剂被吸入，然后压缩腔被封闭起来，随着涡线转子的继续转动，压缩腔变小，制冷剂被压缩，当制冷剂蒸气从压缩机排气口排出时，制冷剂蒸气的温度和压力都已经升高。在整个工作期间，同一时刻的所有压缩腔的制冷剂蒸气均处于各自不同的压缩阶段。

从图2-17可以看出，涡漩式压缩机工作过程中，在所有时刻，吸气压力和排气压力几乎是连续作用的。涡漩式压缩机优点：体积小、重量轻，驱动涡轮运动的偏心轴可以高速旋转。运转可靠，容易实现变转速运动和变排量技术。气体泄漏量少，容积效率高。

3. 常见变排量压缩机

以变排量的摇板式压缩机为例，它对排量的改变是通过斜盘角度的变化来控制压缩机的输出量。而改变斜盘的角度，有两种方法：

① 通过压缩机内部的调节阀进行调节，称为内控式变排量压缩机；

② 电磁阀控制型，称为外控式压缩机。

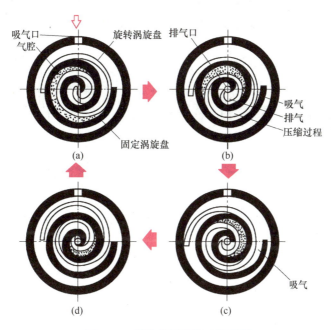

图 2-17　涡漩式压缩机工作原理

(1) 内控式变排量压缩机　排量的改变是依靠摇板箱压力的改变来实现的。摇板箱压力降低，作用在活塞上的反作用力就使摆动盘倾斜一定角度，这就增加了活塞行程（即增加了压缩机排量）；摇板箱压力增加，这就增加了作用在活塞背面的作用力，使摆动盘往回移动，减小了倾角，即减小了活塞行程（也就减小压缩机排量）。

(2) 外控式变排量压缩机　外控式变排量压缩机是通过外部电磁调节阀调节控制压缩机的排量（见图 2-18），这样可以根据当时的冷负荷情况确定一个合适的吸气压力，不需要再热，从而达到节能的目的。

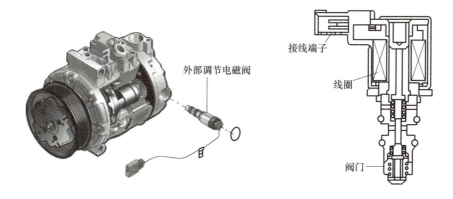

图 2-18　外控式变排量压缩机

旋转斜盘的倾斜度取决于腔内压力、活塞顶部和底部的压力以及斜盘前后的弹簧力。旋转斜盘斜度变化的工作过程（如图 2-19 所示）：①全负荷时，阀门关闭，斜盘室的压力下降，斜盘的倾斜角度加大直至 100% 的排量；关掉空调或所需的制冷量较低时，阀门开启，斜盘的倾斜角度减小直至低于 2% 的排量；②当系统的低压较高时，真空膜盒被压缩，阀门挺杆被松开,继续向下移动,从而使压缩机达到100%的排量;③当系统的吸气压力特别低时,压力元件被释放,使挺杆的调节行程受到限制,从而使压缩机的排量减小。

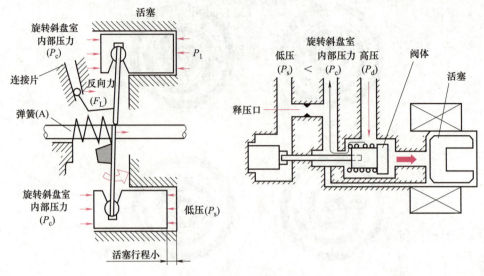

图 2-19 外控式变排量压缩机的工作过程

提示:压缩机型号标识的含义如下。

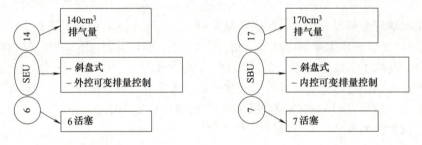

三、压缩机的动力来源——电磁离合器

电磁离合器是发动机和压缩机之间的一个动力传递机构,一般由定子、转子、压盘、带轮等组成,如图 2-20 所示。定子中电流流过电磁线圈时产生吸力,吸合压盘;转子靠内表面的滚针轴承支撑,随带轮一起转动;压盘又称衔铁盘,与压缩机轴用键固定在一起。

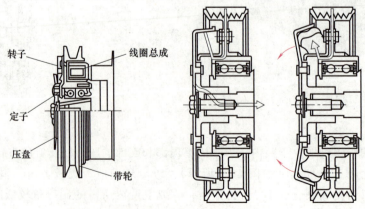

图 2-20 电磁离合器结构组成(剖面)

由于转子上的带轮通过传动带与发动机曲轴相连接，所以只要发动机运转，带轮就随之转动。如图 2-21 所示。

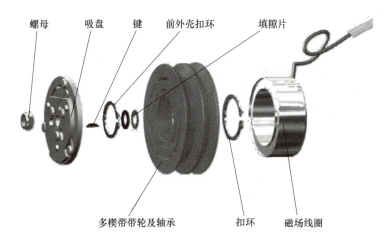

图 2-21　电磁离合器结构（实物）

离合器未通电时，压缩机不工作。当打开制冷开关时，定子线圈中有电流通过产生磁力，吸引压盘，使之压在转子的摩擦片上并借助摩擦力使离合器作为一个整体工作，从而带动压缩机主轴运转。

四、压缩机检修相关技能

1. 压缩机常见故障

压缩机失效差不多占了空调维修工作的 30%，而压缩机失效形式主要包括泄漏、运转困难和阀板异响等。

（1）泄漏　压缩机泄漏有漏油和漏气两种情况，泄漏轻微，只泄漏制冷剂；严重时，既泄漏制冷剂又泄漏冷冻机油。一年泄漏量小于 15g，正常；若泄漏量超过 15g，检修，更换密封件。压缩机缸体裂纹泄漏，更换压缩机总成。

（2）运转困难　运转困难通常是由于压缩机润滑不良或者没有润滑所造成。

① 制冷剂泄漏而造成制冷机油的泄漏。

② 蒸发器或者 CCOT 系统中的油气分离器堵塞，造成压缩机得到足够的机油而卡死。

③ 离合间隙过大或传动皮带打滑也可能是运转困难的原因。

（3）阀板异响　阀板总成中包括进气阀板和排气阀板，在压缩机故障中，排气阀板损坏比较常见。

① 通过接头连接压力表，检查吸气和排气压力；

② 在怠速的时候运行压缩机 5min 并停掉；

③ 观察吸气压力和排气压力的平衡时间：CCTXV 系统，如果时间少于 2min，CCOT 系统时间更短一些，说明阀片或衬垫可能损伤。

2. 压缩机检修

（1）压缩机就车检查　启动发动机，保持 1250~1500r/min，把歧管压力表接入制冷系统中，打开空调系统，风扇开到最大位置，触摸压缩机出口和进口，正常情况下是进口凉，排气口烫，两者之间的温差较大。

如果温差较小，再看歧管压力表，表上显示低压侧和高压侧压力相差不大，则说明压缩机的工作不良，应该拆下检查；如果压缩机较热，再看歧管压力表，低压侧压力太高，高压侧压力太低，则说明压缩机内部密封不良，应该更换压缩机；如果制冷系统的高低压都低，说明系统内部制冷剂太少，应该检查泄漏，如果是压缩机泄漏，一般进行更换。

（2）压缩机拆装

① 首先是空调压缩机皮带的拆卸（如图2-22所示）

a. 用冷媒加注回收机将制冷系统的制冷剂进行回收排空。

b. 拆下压缩机上的排出和吸入软管，并把排出和吸入软管接头密封，以防止潮气和灰尘进入。

c. 用内六角扳手，旋松空调压缩机下方两个连接螺栓（箭头B）。

d. 沿顺时针方向旋转皮带张紧调节螺栓（箭头A）直至皮带放松。

e. 用套筒扳手将皮带由带轮上向汽车前进方向脱出。如更换皮带，应拆卸发动机前悬置；如仅拆卸空调压缩机，可不拆卸发动机前悬置。

② 其次是空调压缩机的拆卸（如图2-23所示）

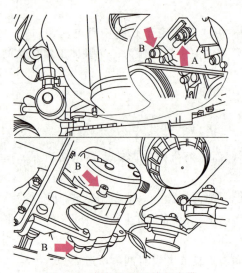

图2-22 拆卸空调压缩机皮带

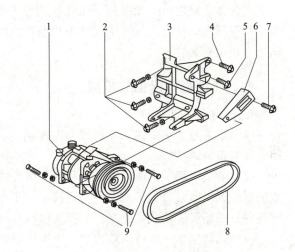

图2-23 拆卸空调压缩机

1—空调压缩机；2,4,5—六角螺栓；3—压缩机支架；6—皮带张紧支架；7—皮带张紧调节螺钉；8—压缩机皮带；9—压缩机紧固螺栓

a. 拆卸空调压缩机上高、低压管，并封闭管口，防止异物进入。

b. 拔下电磁离合器线束插头。

c. 拆下压缩机皮带。

d. 将整车举升到适当高度，旋出压缩机紧固螺栓9，从压缩机支架3上取下空调压缩机1。

e. 安装时按照拆卸的相反顺序操作。

（3）压缩机轴封的更换 压缩机构成如图2-24所示。

① 拆下电磁离合器总成。

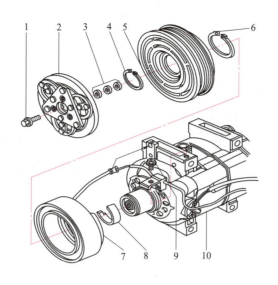

图 2-24 压缩机分解图

1—螺母；2—离合器盘；3—隔套；4,6—卡簧；5—皮带轮；
7—电磁线圈；8—毛毡圈；9—螺栓；10—压缩机

a. 用通用两孔螺母扳手插入离合器前板的两个螺孔中，用 19mm 的棘轮套筒拆出六角螺母。如图 2-25 所示。

b. 用通用两孔螺钉平扳手 A 固定专用拔取器 B，用扳手顺时针拧动拔取器螺钉，直到前板松开。如图 2-26 所示。

图 2-25 拆卸固定螺母

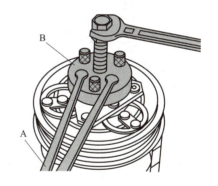

图 2-26 拆卸前板

c. 取下隔套，并用卡簧钳取下内外卡簧。

d. 将两爪拉力器 B 装到台肩 A 上，拉出皮带轮。如图 2-27 所示。

e. 取下电磁离合器总成。

② 用卡簧钳取下毛毡圈。

③ 用轴封专用钳取出轴封座。如图 2-28 所示。

④ 用轴封拆卸工具拆卸轴封并更换。如图 2-29 所示。

（4）离合器间隙检查

① 用测隙规检查离合器间隙，如图 2-30 所示。正常间隙应在 0.4～0.8mm 之间。整个圆周的间隙都应该在这个范围内。

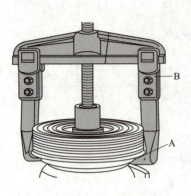

图 2-27 拆卸皮带轮

图 2-28 拆卸轴封座

图 2-29 拆卸轴封

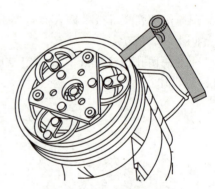

图 2-30 离合器间隙测量

② 当离合器间隙不均匀时,在低处轻轻撬起,在最高处轻轻敲下;若间隙超过规定范围,则需要拆下前板,调整垫片厚度,再重新安装。

任务实施

1. 初步诊断,确认故障现象。
2. 查找知识准备,学习相关知识,分析汽车空调压缩机的工作原理。
3. 判断故障类型,确定汽车空调压缩机故障范围。
(1) 汽车空调压缩机常见故障现象分析。
(2) 汽车空调压缩机失效的故障诊断与排除。
(3) 汽车空调压缩机其他故障诊断与排除。
4. 对小组成员进行合理分工,制订详细可实施的故障诊断与排除方案。
5. 找出故障点,排除故障。
6. 总结故障排除过程,完成诊断报告。

任务三 热交换器的检修

任务导入

在一炎热的夏日，某品牌4S店，一维修工接收了一台关于空调故障的奥迪车。客户抱怨，当和家人开车外出郊游了一个月后，在驾驶员侧地板垫上发现了一摊水迹。请查阅车型资料，熟悉该车空调系统蒸发器的构造和工作原理，并对客户做出合理的解释。

知识准备

汽车空调制冷系统中的冷凝器和蒸发器统称为热交换器，作用是制冷系统通过它们和外界进行热量交换，达到制冷目的。热交换器不仅直接影响制冷性能，其金属材料消耗大，体积大，重量占整个汽车空调总重量的50%～70%，它所占据的空间直接影响到汽车的有效容积，布置起来很困难，因此使用高效热交换器极为重要。

一、冷凝器

1. 冷凝器的作用及安装位置

（1）冷凝器的作用　压缩机排出的高温高压的气态制冷剂流入冷凝器，进行冷却，并使其凝结成为液体，凝结时所放出的热量被排出到大气中，达到散热的作用，制冷剂在冷凝器中的变化如图2-31所示。

提示：冷凝器的入口必须在顶部，这样随着制冷剂蒸气的凝结不断被收集在冷凝器底部的出口。

（2）冷凝器的安装位置　汽车空调冷凝器大多布置在汽车发动机舱的前部、发动机散热水箱前端、进气栅格的后面。一般会在水箱后面加装两个风扇共同进行冷却，如图2-32所示为冷凝器安装在车头散热器水箱的前面。

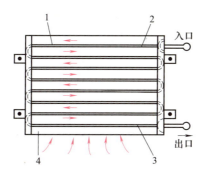

图2-31　制冷剂在冷凝器中的变化

1—蒸发器管；2—高温高压气态制冷剂；
3—高压液态制冷剂；4—散热器片

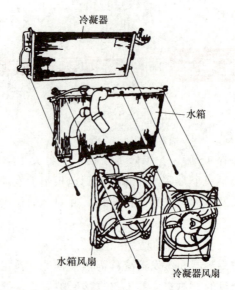

图 2-32 冷凝器安装在发动机水箱的前面

2. 冷凝器的结构

汽车空调系统冷凝器形状与发动机散热器相似,主要由管子和散热片组成,有一个制冷剂的进口和出口,冷凝器的材料可以是铜、钢、铝,现在以铝质居多。管子做成各种盘管状,散热片是为了增大冷凝器的散热面积,而且可以支撑盘管,用于汽车空调中的冷凝器,常用的有以下几种。

(1) 管带式 这种冷凝器目前普遍使用在小型轿车上,如捷达轿车,它采用一整根扁形管,弯成蛇形。管内用隔筋隔成若干个孔道,管外用 0.2mm 铝片焊在上下两管外皮处,铝片折成皱纹状以增大散热面积。具体结构如图 2-33 所示。

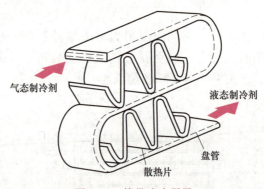

图 2-33 管带式冷凝器

(2) 管翅式 管翅式也叫管片式,制作工艺简单,它是在圆钢管上安装 0.2mm 铝片组合而成,是采用较早的一种冷凝器,一般用于大型客车中的冷气装置上,具体构造如图 2-34 所示。

(3) 平行流式 这种冷凝器为汽车空调使用新型制冷剂 R134a 而开发并投放市场。制冷剂由输入端接头进入圆柱主管中,再分别同时流入多个扁管,并平行地流至对面的主管,再集中经过跨接管流至冷凝器输出端接头。平行流式冷凝器具有制冷侧的压力损失小、热导率高、制冷剂充注量少等特点,其具体构造如图 2-35 所示。

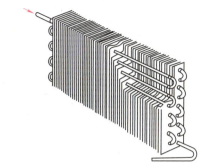

图 2-34 管翅式冷凝器

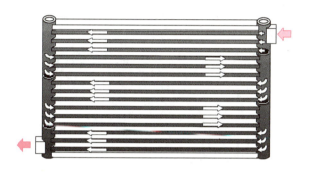

图 2-35 平行流式冷凝器

二、蒸发器

1. 蒸发器及其作用

蒸发器和冷凝器一样,也是一种热交换器,也称冷却器,是制冷循环中获得冷气的直接器件。其外形近似冷凝器,但比冷凝器窄、小、厚。它的作用是使低温低压液态制冷剂在其管道中吸热并蒸发,使蒸发器周围的空气温度降低,同时空气中所含的水分由于冷却而凝结在蒸发器表面,经收集排出,使空气减湿。最后,鼓风机将冷而干的空气吹到车室内,达到降温降湿的目的。

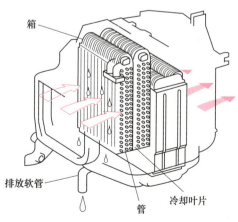

图 2-36 蒸发器

蒸发器安装在驾驶室仪表台的后面,其结构如图 2-36 所示,主要由管子和散热片组成,在蒸发器的下方还有接水盘和排水管。

2. 蒸发器的主要结构形式

汽车空调蒸发器主要有管片式、管带式、层叠式三种结构。

(1) 管片式蒸发器 如图 2-37 所示,它由铜质或铝质圆管套上铝翅片组成,经胀管工艺使铝翅片与圆管紧密相接通。它是汽车空调中早期采用的一种冷凝器,制造工艺简单。即用胀管法将铝翅片胀紧在紫铜管上,管的端部用 U 形弯头焊接起来,这种冷凝器清理焊接氧化皮较麻烦,而且其散热效率较低。翅片安装环翻片破裂是生产厂家遇的大难题。安装贴合不紧或破裂,都会使换热性能变差。目前可以采用共熔合金固化工艺制造出新型铝合金高强度翅片,这种材料内含有直径为 $2\mu m$ 的颗粒合金,因颗粒间距很小,阻碍颗粒的错位流动和塑性流动,所以材料强度得以提高,获得了优良成形性能,解决了翻片破裂问题。

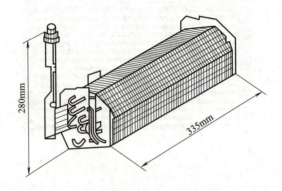

图 2-37 管片式蒸发器

(2) 管带式蒸发器 由多孔扁管与蛇形散热铝带焊接而成,工艺比管片式复杂,需要采用双面复合铝材(表面覆一层 0.02~0.09mm 厚的焊药)多孔扁管材料,如图 2-38 所示。该种蒸发器热效率可比管片式提高 10% 左右。

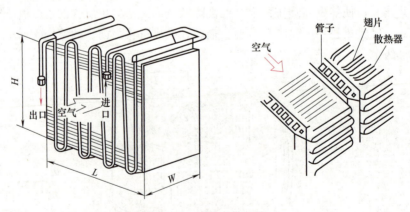

图 2-38 管带式蒸发器

(3) 层叠式蒸发器 如图 2-39 所示,层叠式蒸发器由两片冲成复杂形状的铝板叠在一起组成制冷剂通道,每两片通道之间夹有蛇形散热铝带。这种蒸发器也需要双面复合铝材,且焊接要求高,因此,加工难度大,但其换热效率也高,结构也最紧凑。

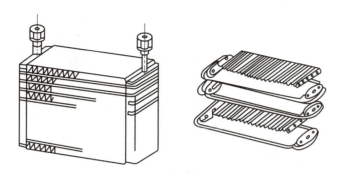

图 2-39 层叠式蒸发器

三、热交换器常见的故障检修

1. 冷凝器的检修

冷凝器常见问题有：内外部堵塞、外界撞击破坏或泄漏等。

外部堵塞一般是由于冷凝器外部灰尘、小虫、树叶或其他外来碎屑覆盖造成空气流动不畅，冷凝器散热能力变弱，从而造成空调制冷不足。内部堵塞的冷凝器可能导致过大的压缩机出口压力，并且这种堵塞可能会导致冷凝器内部温度的变化，甚至在堵塞点的后面会形成结霜或者结冰的现象，并且伴随空调制冷严重不足。

（1）冷凝器外部清洗　清洁冷凝器时，可以有以下两种方法。

① 用软鬃毛刷（如发刷）清理，不要弄弯叶片，否则会影响冷凝器的散热效果。

② 用清水从后（发动机侧）向前清洗散热器/冷凝器总成。如果使用空气，则只使用低压空气以防止高压空气损坏细而脆的散热器叶片。不使用蒸汽清洁器来清除来自冷凝器的碎屑，否则高温的蒸汽可能造成空调系统压力的增加。

（2）冷凝器内部堵塞检查　平行流式的冷凝器堵塞区域的判断如图 2-40 所示。

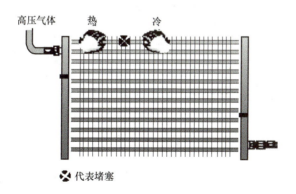

图 2-40 用手感知温度变化判断堵塞位置

冷凝器发生内部堵塞的原因：大多是由于压缩机运行产生的碎屑所引发，这种情况可以采用内部清洗的方法清除堵塞。如图 2-41 所示。

提示：对于制冷系统其他部件发生堵塞，也可以利用这种方法进行清洗。

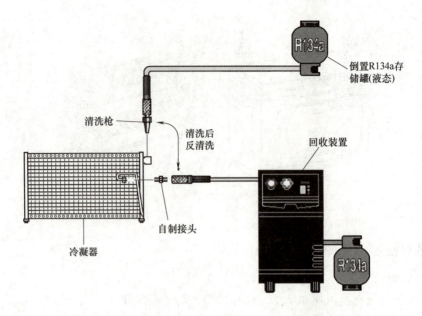

图 2-41　冷凝器冲洗

（3）冷凝器的更换具体步骤
① 拆卸发动机罩压紧机构和任何阻碍接近冷凝器的其他的电缆或者硬件。
② 拆卸冷凝器上部的热气管路。
③ 拆卸，并且丢弃所有的 O 形圈。
④ 拆卸冷凝器底部的液相管，并且丢弃所有的 O 形圈，保留固定冷凝器的所有固定螺栓和螺母。
⑤ 从车辆上拆下冷凝器。
⑥ 按照相反顺序，安装新的冷凝器。
⑦ 对系统进行渗漏检测，抽真空和加注作业。
注意事项：
① 连接冷凝器管路接头时，需要注意哪里是进口，哪里是出口，顺序绝对不能接反，否则会引起制冷系统压力升高、冷凝器胀裂等严重事故。
② 未装连接管接头之前，不要长时间打开管路的保护盖，以免潮气进入。
③ 安装的密封圈必须是新的密封圈，密封圈不允许重新使用。并在新的冷凝器中加注新的等量的冷冻机油。

2. 蒸发器的检修
（1）蒸发器的检修内容　蒸发器的检修内容主要包括：检查蒸发器外表面是否有积垢、异物；蒸发器是否损坏；用检漏仪检查是否泄漏；观察排气管路是否洁净、畅通。
（2）蒸发器的检修方法
① 检查蒸发器外表面是否有积垢、异物，如有要用软毛刷（或软布、棉纱）和清水清洗，注意不要用硬毛刷和高压水冲刷，不要弄弯吸热片。
② 检查蒸发器的内部盘管是否有泄漏现象。若有泄漏现象，通常要由专业修理人员对泄漏处进行焊补。

③ 测试蒸发器内部压力，如图 2-42 所示，用专用接头分别使蒸发器的进出口连接到高低压组合表截止阀，用压缩机向蒸发器加压，压力一般应为 1.5MPa 左右，停止加压后 24h 压力应无明显下降。也可用肥皂水涂在系统各处进行检漏。

（3）蒸发器的拆卸

① 拆下电源接线。

② 对制冷系统进行排空或制冷剂回收。

③ 把蒸发器两端的接头拆下，拿出蒸发器，并立即封住其开口部位和两端系统软管接口。

图 2-42　测试蒸发器压力

任务实施

1. 初步诊断，确认故障现象。
2. 查找知识准备，学习相关知识，分析汽车空调热交换器的工作原理。
3. 判断故障类型，确定汽车空调热交换器故障范围。
（1）汽车空调冷凝器常见故障诊断与排除。
（2）汽车空调蒸发器常见故障诊断与排除。
4. 对小组成员进行合理分工，制订详细可实施的故障诊断与排除方案。
5. 找出故障点，排除故障。
6. 总结故障排除过程，完成诊断报告。

任务四　节流装置的检修

任务导入

某地一大众 4S 店接收一辆帕萨特轿车，车主反映开启空调一段时间后，膨胀阀体表面和制冷系统低压管路结上一层冰霜，紧接着空调制冷明显减弱，要求维修人员尽快解决该故障，并做出维修解释。

知识准备

节流计量装置是通过控制进入蒸发器内制冷剂量的方式来控制蒸发器表面温度，它是制冷系统中自动调节制冷剂流量的元件，其工作特性的好坏直接影响整个制冷系统能否正常工作。常见的节流计量装置有两种类型：一种是热力膨胀阀（常用缩写 TXV 表示）；另一种是节流管，也称为固定限流管（常用缩写 FOT 表示）。

一、膨胀阀

1. 膨胀阀的功能

（1）节流降压　使从冷凝器出来的高温高压液态制冷剂节流降压成为容易蒸发的低温低压雾状物进入蒸发器，即分离了制冷剂的高压侧与低压侧，但制冷剂的液体状态没有改变。

(2) 自动调节制冷剂流量 由于制冷负荷的改变以及压缩机转速的改变，要求流量作相应调整，以保持车内温度稳定，制冷剂正常工作。膨胀阀就起了把进入蒸发器的流量自动调节到制冷循环所要求的合适程度的作用。

(3) 控制作用 控制制冷剂流量、防止"液击"和异常过热发生，膨胀阀常以感温包作为感温元件控制流量大小，保证蒸发器尾部有一定的过热度，从而保证蒸发器总容积的有效利用，避免液态制冷剂进入压缩机而造成"液击"现象，同时又能将过热度控制在一定范围内，从而防止异常过热现象发生。

2. 膨胀阀的种类

主要有热力膨胀阀和 H 型膨胀阀。热力膨胀阀也称为感温式膨胀阀，有外平衡式和内平衡式两种形式，如图 2-43 所示。

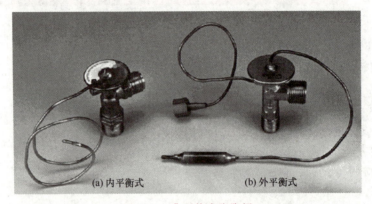

图 2-43 典型热力膨胀阀

3. 膨胀阀的结构和工作原理

(1) 外平衡式热力膨胀阀 外平衡式热力膨胀阀的结构如图 2-44 所示，膨胀阀的入口接储液干燥器，出口接蒸发器，上部有一个膜片，膜片上方通过一条毛细管接一个感温包，感温包安装在蒸发器出口的管路上，内部充满制冷剂气体，蒸发器出口的温度发生变化时，感温包内的气体体积也变化，进而产生进气压力变化，这个压力变化就作用在膜片的上方，感温包和蒸发器必须紧密接触，不能和大气相通。如果接触不良，感温包就不能正确地感应

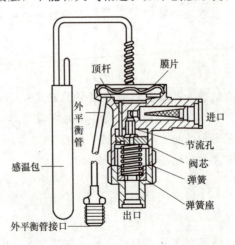

图 2-44 外平衡式热力膨胀阀结构和工作原理

蒸发器出口的温度。如果密封不严，感应的温度就是大气温度。因此，要用一种特殊的空调胶带，捆扎和密封感温包，膜片下方的腔室还有一根平衡管通蒸发器出口，阀的中部有一阀门控制制冷剂的流量，阀门的下方有一调整弹簧，弹簧的弹力试图使阀门关闭，弹簧的弹力通过阀门上方的杆作用在膜片的下方。可以看出，膜片共受到三个力的作用，一个是感温包中制冷剂气体向下的压力，一个是弹簧向上的推力，还有一个是蒸发器出口制冷器的压力，作用在膜片的下方，阀的开度取决于这三个力综合作用的结果。

当制冷负荷发生变化时，膨胀阀可根据制冷负荷的变化自动调节制冷剂的流量，确保蒸发器出口处的制冷剂全部转化为气体并有一定的过热度。当制冷负荷减小时，蒸发器出口的温度就会降低，感温包的温度也会降低，其中的制冷剂气体便会收缩，使膨胀阀膜片上方的压力减小，阀门就会在弹簧和膜片下方气体压力的作用下向上移动，减小阀门的开度，从而减小制冷剂的流量。反之，制冷负荷增大时，阀门的开度会增大，增加制冷剂的流量。当制冷负荷与制冷剂的流量相适应时，阀门的开度保持不变，维持一定的制冷强度。

（2）内平衡式热力膨胀阀　内平衡式膨胀阀结构与外平衡式膨胀阀结构大同小异，如图2-45所示。不同之处在于内平衡式膨胀阀没有平衡管，膜片下方气体的压力直接来于蒸发器的入口，内平衡式膨胀阀的工作过程与外平衡式膨胀阀的工作过程完全相同。

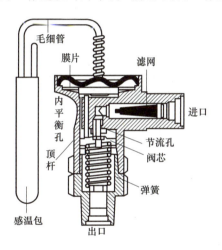

图2-45　内平衡式热力膨胀阀结构和工作原理

（3）H型膨胀阀的结构和工作原理　前面所述的热力膨胀阀因其形状像英文字母"F"而简称F型膨胀阀，而H型膨胀阀则因其通道像字母"H"而得名。H型膨胀阀是一种整体型膨胀阀，又称块阀，其结构如图2-46所示。

采用内、外平衡式膨胀阀的制冷系统，其蒸发器的出口和入口不在一起，因此需要在出口处安装感温包和管路，结构比较复杂。如果将蒸发器的出口和入口做在一起，就可以将感温包的管路去掉，这就形成了H型膨胀阀，H型膨胀阀因其内部通道形同H而得名。它取消了外平衡式膨胀阀的外平衡管和感温包，直接与蒸发器进、出口相连。它有四个接口通往空调系统，其中两个接口和普通膨胀阀一样，一个接干燥过滤器出口，一个接蒸发器入口，另外两个接口，一个接蒸发器出口，一个接压缩机进口。感温元件处在进入压缩机的制冷剂气流中。

H型膨胀阀中也有一个膜片，膜片的左方有一个热敏杆，热敏杆的周围是蒸发器出口

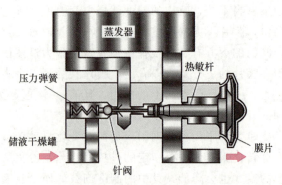

图 2-46 H 型膨胀阀的结构

处的制冷剂,制冷剂温度的变化(制冷剂负荷的变化)可通过热敏杆使膜片右方的气体压力发生变化,从而使阀门的开度变化,调节制冷剂流量以适应制冷剂负荷的变化。这种膨胀阀安装在蒸发器的进、出口之间,感应温度不受环境影响,也无需通过毛细管而造成时间滞后,调节灵敏度较高。由于无感温包、毛细管和外平衡管,不会因为汽车颠簸使充注系统断裂外漏以及感温包包扎松动而影响膨胀阀的正常工作。H 型膨胀阀具有结构简单、工作可靠的特点,符合汽车空调的特点,现代汽车应用越来越广。

二、膨胀阀节流管

节流管是制冷系统的高压和低压的分界点。它没有感温包、平衡管,而是由一个小孔节流元件和一个网状过滤器组成,是一种固定孔口的节流装置,又称孔管,其作用与膨胀阀基本相同。膨胀阀节流管直接安装在冷凝器出口和蒸发器进口之间,用于将液态制冷剂节流降压。由于不能调节流量,液体制冷剂很有可能流出蒸发器而进入压缩机,造成压缩机液击。因此,装有膨胀阀节流管的系统,必须同时在蒸发器出口和压缩机入口之间安装一个集液器,实行气液分离,避免压缩机发生液击。

膨胀阀节流管是用于离合器节流短管空调系统(属 CCOT 系统)的节流元件,其结构如图 2-47 所示。它是一根细铜管,装在一根塑料套管内,在塑料套管外环形槽内,装有密封圈。有的还有两个外环形槽,每槽各装一个密封圈。把塑料套管连同膨胀阀节流管都插入蒸发器进口管中,密封圈的作用是密封塑料套管外径和蒸发器进口管内径间的配合间隙。膨胀阀节流管两端都装有滤网,以防止系统堵塞。膨胀阀不能维修,损坏了只能更换。

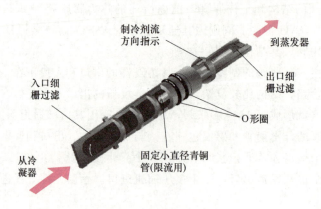

图 2-47 节流管构造

与膨胀阀相比，它结构简单，可靠性好，价格便宜，但节流管只有节流膨胀的作用，而没有调节制冷剂流量的功能，在低速运行时制冷效果差一些。使用节流管的车型有通用、红旗、奥迪等汽车。

注意：节流管的颜色一般不同，颜色不同代表不同的管径。更换过程中注意替换件的颜色与原有件一致。

三、膨胀阀的检修

1. 膨胀阀常见的故障现象

① 膨胀阀的开度过大，制冷系统中的高低压侧压力均高，低压侧管路有结霜或大量的露水，并伴随着蒸发器表面结霜、制冷效率明显下降等现象。

② 膨胀阀的开度过小，会出现制冷剂高压侧压力高、低压侧压力低、制冷效率不足等现象。

③ 膨胀阀入口滤网堵塞。

④ 膨胀阀的针阀与阀口产生卡滞或阀口脏塞。

⑤ 当很多的冰粒凝结在节流部位时，就堵塞了节流通道，形成膨胀阀冰堵。

⑥ 热力膨胀阀的感温包或毛细管破裂、失效。

2. 膨胀阀的检修

测定膨胀阀的性能有两种方法：一是在汽车空调系统中测定；二是为避免各种压力保护开关及调节阀对测量工作的影响而将膨胀阀从车上拆下，在台架上测定。

（1）在汽车上测定膨胀阀的性能

① 将歧管压力表组件与空调系统相连，启动发动机，将转速调至 1000～1200r/min，空调温控器（或拨杆）调至最冷（MAX）位置，让空调系统运行 10～15min。

② 查看低压侧压力表读数，如果偏低，在膨胀阀周围包上约 51℃ 的抹布，继续观察低压表读数。

③ 若低压压力能上升至正常值或接近正常值，则说明系统内有水汽，应设法消除（更换储液干燥器，并用较长时间抽真空，再充注制冷剂，重新检测系统）。

④ 若低压压力未升高，则从蒸发器出口处小心卸下膨胀阀感温包，将感温包握在手中，观察低压表读数。

⑤ 若压力仍偏低，则说明膨胀阀有问题，应将其卸下，在台架上进行检查。

⑥ 按上述第②条查看低压表读数时，若低压读数偏高，则从蒸发器出口处小心卸下膨胀阀感温包，将其放入冰水中（在冰水中加些盐，使其温度降至0℃）。

⑦ 若低压压力降至或接近正常值，则可能是感温包隔热包扎不严或安放位置不对，对其重新定位并包扎后再测定。

⑧ 若低压压力仍然偏高，则应卸下膨胀阀，移到台架上进行检查。

⑨ 测试结束后，应关闭所有空调控制器，降低发动机转速，直至关机，取下压力表组。

（2）在台架上校验膨胀阀的性能

① 将膨胀阀从制冷系统中取下来，如果过滤网（若有过滤网）上有污物，要取下清洗干净。

② 按图 2-48 所示的连接方式将歧管压力表组件与制冷剂瓶、膨胀阀连接好，软管与低压表之间接一个带开关的过渡接头。

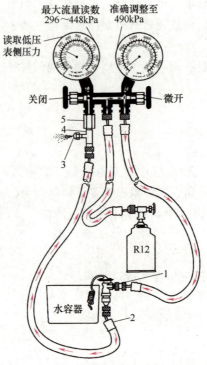

图 2-48 检测膨胀阀的性能

1—入口；2—出口；3—过渡接头（上钻 ϕ0.23mm 孔）；4—三通；5—1/4in 接头

③ 关闭压力表的手动阀门。

④ 在过渡接头上钻一个小孔，小孔直径为 ϕ0.23mm，将其开关拧松，以降低通过进气管的压力。

⑤ 开启高压手动阀门，将高压侧压力调整到 490kPa 左右。

⑥ 将感温包浸入水中，使水温变化，在读低压表读数的同时，测量水温。

⑦ 对照图 2-49 比较测得的温度与压力交点是否落在阴影区内，若交点不在阴影区内，则说明需要更换膨胀阀。

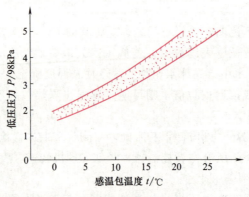

图 2-49 膨胀阀特性

（3）检验膨胀阀的流量

① 检验膨胀阀的最大流量

a. 倒置制冷剂瓶。
b. 按上述（在台架上校验膨胀阀的性能）①～④步骤操作。
c. 把感温包放入温度为 51℃ 的保温水箱内。
d. 打开高压阀，精确调整压力至 392kPa。
e. 读低压表读数，最大流量压力应是 245～314kPa；压力超过 314kPa，表示开度过大；压力不足 245kPa，表示开度过小。

② 检验膨胀阀的最小流量

a. 把感温包插入 0℃ 水中。
b. 打开高压表开关，精确调整压力至 392kPa。
c. 读低压表读数，从表 2-1 中找到相应的过热度，低压值应在表中规定之内。

表 2-1 过热度与表压的关系

过热度/℃	5	6	7	8	9	10	11	12
表压/×98kPa	1.62～1.83	1.56～1.78	1.51～1.72	1.48～1.69	1.42～1.63	1.37～1.58	1.33～1.55	1.27～1.48

（4）膨胀阀的清洗与调节　如果膨胀阀未能通过上面的一项或两项检测，那么可以尝试清洗阀门。具体操作步骤如下。

① 卸下膜盒、毛细管、感温包总成（如果可以卸掉的话）。
② 卸下过热度调整螺钉，记住拧下的圈数。
③ 卸下过热度弹簧及阀座，卸下阀及推杆。
④ 用干净的无水酒精清洗全部零件，擦净并吹干。
⑤ 按与卸下相反的顺序重装这些零件，按原拧下的圈数装上过热度调整螺钉。
⑥ 按上述检验膨胀阀的流量的方法检查最大流量和最小流量。
⑦ 若不符合要求，则可调节过热度弹簧。
⑧ 若反复调整均无效，则要更换新阀。

四、节流管检修

1. 膨胀节流管的检测步骤

① 将歧管压力计与系统连接，发动机转速调至 1000～1200r/min，将空调控制器调至最冷（MAX）位置，空调系统运行 10～15min。
② 查看低压表读数。若系统无其他问题，制冷剂量合适，低压表读数偏低，说明节流管可能堵塞。
③ 将低压开关短路。
④ 在节流管周围包上约 52℃ 的温湿布。
⑤ 若低压表读数上升至正常值或接近正常值，表明系统内有水汽，节流管正常，应更换集液器。
⑥ 若低压表读数仍偏低，甚至出现真空，则说明节流管有脏堵，应更换节流管。

2. 膨胀节流管的拆装

膨胀节流管有两种类型：一种是可接近的膨胀节流管，另一种是不可接近的膨胀节流管。它的安装位置在冷凝器和蒸发器之间的任何位置上，它的精确安装位置由液相管的金属部分上的一个圆形凹陷或者三道刻槽来确定。在对膨胀节流管进行拆装之前必须要排空空调系统中的制冷剂。

（1）可接近的膨胀节流管拆装

① 用冷媒回收与充注机将系统中的制冷剂回收。

② 把蒸发器进口管路拆下（此时节流管就露出来了），把进液管中的任何碎片、污物清理干净。

③ 倒一点冷冻机油到节流管的密封部分。

④ 拆卸工具（如图 2-50 所示，T 形套筒中加一个开槽的圆管）上的槽对准节流管上的柄脚（凸起）并插入。

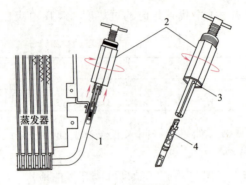

图 2-50　节流管的拆卸工具

1—蒸发器进液管；2—节流管拆卸工具；3—切口；4—节流管

⑤ 转动 T 形手柄，使开口圆管夹住节流管。

⑥ 握住 T 形手柄（千万别转动），顺时针转动外面的细长形六角套筒，这样节流管就会被拉出。

如果膨胀节流管拆卸已破碎，用一般工具较难取出。此时，应用如图 2-51 所示的专用工具将其取出，用法如下。

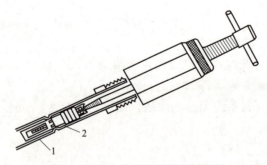

图 2-51　取破碎节流管的专用工具

1—蒸发器进液管；2—取破碎节流管

① 首先将蒸发器进液管中的所有碎片（节流管的）清除出去，在进液管中加几滴冷冻机油。

② 将有一根细长尖形螺纹锥的专用工具的螺纹锥伸到坏节流管的铜质孔中，用手转动 T 形螺杆，直到确信已接触到节流管。

③ 转动工具的外壳，直到坏节流管被拉出。

④ 若拉出的仅是节流管中的铜管，其塑料套管仍留在蒸发器进液管中，则应将拉出的铜管卸掉，再把工具插入塑料管中，将塑料管拉出。

（2）不可接近的膨胀节流管拆装

① 不可接近的膨胀节流管的拆卸方法如下。

a. 缓慢排放系统中的制冷剂。

b. 从汽车上拆下液管。注意液管安装方向，以便按同样方向将其装回。

c. 确定节流管的位置。圆形凹陷或三个凹口均标明节流管的出口端。

d. 用截管器在液管上切除63.5mm长管段，如图2-52（a）所示；在两端弯头处使其露出至少25.4mm，如图2-52（b）所示。

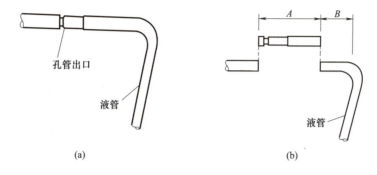

图2-52 切除和露出部分液管

② 不可接近的膨胀节流管的安装步骤如下。

a. 朝液管各端面套上压紧螺母。

b. 使压紧环锥形部分朝向压紧螺母，向液管各端面套上压紧环。

c. 用洁净的冷冻油润滑两只O形圈，并将其分别套在液管的每一截面上。

d. 把内部装有节流管的节流管套装到液管的两截面，用手拧紧两个压紧螺母。注意图2-53中箭头所标明的流动方向，应朝着蒸发器方向流动。

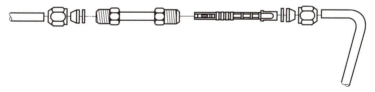

图2-53 节流管中气体流动方向

e. 用虎钳夹住节流管套以拧紧压紧螺母。确保软管弯头与被拆卸时的排列方法相同，以便于重新放置液管。

f. 各压紧螺母拧紧的拧紧力矩为：87～94N·m。

安装完后需要按照维修程序对系统进行检漏、抽真空、充注制冷剂，通过再次检测无问题后才可以使用。

③ 以奥迪A6为例，其具体拆装步骤如下。

a. 排空制冷管路中的制冷剂。

b. 用合适的开口扳手或其他合适的工具，松开螺纹接头A，拆下制冷管路并封闭，如

图 2-54 所示。

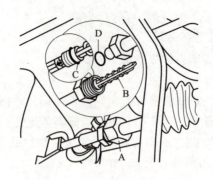

图 2-54　拆卸节流管

c. 用尖嘴钳从制冷管中拔出节流阀 B。
d. 更换节流阀时要注意颜色，只可使用相同颜色的节流阀。
e. 将新的节流管插入蒸发器，直到节流管顶在蒸发器管入口的凹座上。特别注意其安装方向，节流管上的箭头指向蒸发器。
f. 根据具体情况，在蒸发器或者液相管上安装新的 O 形圈，安装时需要在密封圈上涂上适当的冷冻机油。
g. 把液相管连接到蒸发器上，并且用合适的扳手拧紧螺母。根据维修手册确定拧紧力矩。

任务实施

1. 初步诊断，确认故障现象。
2. 查找知识准备，学习相关知识，分析汽车空调节流装置的工作原理。
3. 判断故障类型，确定汽车空调节流装置故障范围。
（1）汽车空调膨胀阀常见故障诊断与排除。
（2）汽车空调膨胀节流管常见故障诊断与排除。
4. 对小组成员进行合理分工，制订详细可实施的故障诊断与排除方案。
5. 找出故障点，排除故障。
6. 总结故障排除过程，完成诊断报告。

任务五　储液干燥器和集液器检修

任务导入

有一辆日产天籁轿车，空调使用三年未经过任何维护，发动车辆，启动空调将温度设定至最低 18℃，风量开至最大，10min 后使空调运行稳定，测得出风口温度为 11℃，制冷效果不理想，客户要求提升制冷效果。

一、储液干燥器和集液器的相关知识

1. 储液干燥器

（1）储液干燥器的作用　储液干燥器简称储液器。采用它是为了防止过多的液态制冷剂储存在冷凝器里，使冷凝器的传热面积减少而使散热效率降低。主要作用有以下几方面。

① 临时存储从冷凝器出来的液态制冷剂，使得当制冷负荷发生变化时和系统有微漏或者压缩机转速变化时，保证制冷剂流动的稳定性和连续性。

② 吸收和滤出制冷剂中的杂质和水分，防止制冷系统管路发生堵塞和冰堵。保护设备不受侵害。

③ 防止气态制冷剂进入蒸发器。

④ 提供缓冲空间。

⑤ 易熔塞作用：它是一种安全措施，一般装在储液干燥器的头部，用螺塞拧入。

⑥ 观察窗又称视液镜，有两个作用：一是指示系统中是否有足够的制冷剂；二是指示制冷剂中是否有水分。

（2）储液干燥器的结构与原理　储液干燥器接收冷凝器排出的制冷剂。它安装在冷凝器和膨胀阀之间，由一个储液干燥器体、过滤器、干燥剂、出液管等构成，其结构如图 2-55 所示。

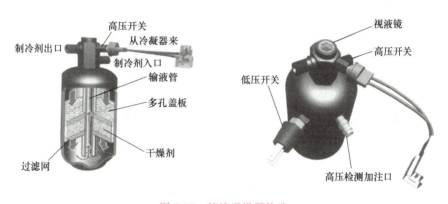

图 2-55　储液干燥器构造

① 干燥剂。干燥剂是由硅胶、分子筛、汽车胶（Mobil-Gel）等吸附系统内吸湿气的固体组成，它可以放置在两层滤网之间，也可以放在金属丝袋中。

② 滤清材料。滤清材料可防止干燥剂尘污和其他杂物随制冷剂在空调系统内循环。

③ 出液管。出液管的功能是保证进入膨胀阀的制冷剂全部是液体，进入储液罐的制冷剂是气、液混合物，气体在上、液体在下，出液管的下管口深入罐底，因此，从中通过的只有液体，流向膨胀阀的制冷剂也必然是液态。

当含有蒸气的液态制冷剂进入储液干燥器后，使液态和气态的制冷剂分离，气态的制冷剂滞留在储液干燥器上部，液态的制冷剂则存放在储液干燥器下部。液态的制冷剂通过膨胀阀进入蒸发器（吸热箱），多余的制冷剂可暂时存放在储液罐中。在制冷负荷变动时，及时补充和调整供给热力膨胀阀的液态制冷剂量，以保证制冷剂流动的连续性和稳定性。同时，由于水分与制冷机结合会生成酸或结冰，因此储液干燥器中的干燥剂可用来吸收制冷剂的水分，防止机件腐蚀或冰块堵塞膨胀阀。滤网用于过滤制冷剂中的杂质，防止膨胀阀堵塞。

由图2-55可以看出，在储液干燥器上部出口端安装有一个玻璃视液镜，用于观察制冷剂在工作时的流动状态，由此可以判断制冷剂量是否合适。对直立式储液干燥器，安装时一定要垂直，倾斜度不得超过15°。每次打开管路更换部件时，最好将储液干燥器也一同更换，因为系统打开几个小时，储液干燥器就会吸收系统中的水分，在膨胀阀处造成冰堵。在安装新的储液干燥器之前不得过早将其进、出口的包装打开，以免湿空气入侵储液干燥器和系统内部，使之失去除湿的作用。安装前一定要先搞清楚储液干燥器的进、出口端，在储液干燥器的进、出口端一般都打有记号，如进口用英文IN、出口端用OUT表示，或直接打上箭头以表示进、出口端。维修人员应当记住，制冷剂是从储液干燥器的下部流入膨胀阀进口的，接反了储液干燥器，会导致制冷量不足。安装时，储液干燥器是最后一个介入系统的部件。

使用R134a制冷剂的制冷系统储液干燥器不能与使用R12制冷剂的制冷系统储液干燥器互换，两种储液干燥器中的干燥剂不同，R134a制冷剂使用沸石作为干燥剂，R12制冷剂使用硅胶作为干燥剂。

储液干燥器出口端旁边装有一只安全熔塞，它是制冷系统的一种安全保护装置。其中心有一轴向通孔，孔内装填有焊锡之类的易熔材料，这些易熔材料的熔点一般为85～95℃。当冷凝器因通风不良或冷气负荷过大而冷却不够时，冷凝器和储液干燥器内部的制冷剂内部温度和压力将会异常升高。当压力达到3MPa左右，温度超过易熔材料的熔点时，安全熔塞中心孔内的易熔材料便会熔化，使制冷剂通过安全熔塞的中心孔散发到大气中去，从而可避免系统的其他部件因压力过高而被胀坏。

有些新车型的储液干燥器上装有压力开关，可在系统压力不正常时，中止压缩机的工作。

2. 集液器

集液器也称为气液分离器、积累器，与储液干燥器类似，但是它安装在系统的低压侧压缩机入口处，通常应用于膨胀节流管式的汽车空调系统中。

集液器的功用是留下液态制冷剂，使其在低压区缓慢蒸发，从集液器里出去的只是气态制冷剂，从而起到了气液分离，防止液态制冷剂液击压缩机。集液器的结构如图2-56所示。

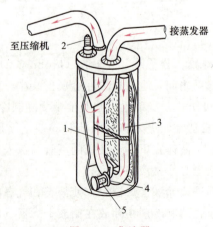

图2-56 集液器

1—干燥剂；2—测试孔口；3—出气管；4—泄油口；5—滤网

制冷系统工作时制冷剂从顶部进入容器，其中液态制冷剂沉入容器底部，而位于顶部的气态制冷剂则被吸出管引向压缩机。在容器底部的 U 形吸出管上有一个小孔，允许少量冷冻机油流回压缩机，以保持压缩机工作时的润滑需要，此小孔也允许少量液态制冷剂流入，随同冷冻机油和气态制冷剂流向通往压缩机的管路，由于在到达压缩机之前，这点液态制冷剂必将在管路中被汽化，所以不会引起"液击"现象的发生。

二、储液干燥器和集液器的相关技能

（1）故障现象

① 制冷量不足或完全不制冷。

② 系统低压侧的压力大幅度下降。

③ 当检查储液干燥罐时，其进口和出口之间的温差较大。

④ 用手摸储液干燥器感觉不热，或上部热而下部凉。

（2）储液干燥器的检查

① 用检漏仪检查储液干燥器的接头处与易熔塞有无泄漏。

② 检查储液干燥器的外表是否脏污、观察孔上是否清洁。

③ 用手感知储液干燥器进出口的温度，如果进出口温差很大，甚至出口处出现结霜的现象，说明干燥剂散开，堵塞管路。

④ 检查膨胀阀，如果膨胀阀出现冰堵，说明制冷剂中含有水分，储液干燥器中的干燥剂失效。

（3）储液干燥器的维修　如果储液干燥器两端的连接接头出现泄漏，则应紧固其接头或更换密封圈，无需拆下储液干燥器；如出现其他故障和每次拆开管路进行修理或清洗时，必须更换新的储液罐。

其拆装的步骤如下：

① 排空制冷管路，拆下保险杠。

② 拆卸储液干燥器到冷凝器和膨胀阀的管路接头，报废密封垫圈。

③ 取下储液干燥器。

储液干燥器的安装与拆卸的顺序相反，但要注意以下两点：

① 垂直安装。

② 储液干燥器应该最后接入制冷系统中，并且上不抽真空，防止空气进入干燥器。

三、拓展知识

1. 制冷系统连接管

汽车空调的各总成部件一般分散安装在汽车的各个部位，如压缩机与发动机连成一体，冷凝器与干燥器安装在车架前端上，而蒸发器装在室内。当汽车在颠簸的道路上高速行驶时，各部件均产生振动，因而制冷系统不能用刚性金属管连接，只能用柔性橡胶管连接，起到传输制冷剂的作用。它包括橡胶管和金属管。金属管多用于高压侧，橡胶管多用于低压，主要有吸入管、排出管、液体管。

吸入管：吸入管也叫低压管或低压蒸汽管。它连接蒸发器出口到压缩机的入口。

排出管：排出管也叫高压排出管，它连接压缩机出口到冷凝器入口。

液体管：液体管也叫高压液体管。它连接冷凝器出口到储液干燥器入口以及储液干燥器出口到蒸发器计量装置的入口。

汽车空调中常用的有氟氯丁橡胶软管和尼龙软管。用于汽车空调的氟氯丁橡胶软管常用编号有：6号（内径为8mm）、8号（内径为10mm）、10号（内径为12.5mm）、12号（内径为16mm）四种，号数越小内径越小。汽车空调常用三种尺寸的软管：回气软管中的制冷剂是低压蒸气，所用软管直径是三种尺寸中最大的一种，以保证有充足的制冷剂进入压缩机；高压软管中的制冷剂是高压蒸气，所用高压软管直径较小；高压液体管路中的制冷剂是高压液体，所用管径是三种中最小的一种。尼龙软管比氟氯丁橡胶软管小，其耐压、耐爆裂强度高，最小耐爆裂强度是29.6MPa，而氟氯丁橡胶软管的耐爆裂强度为14.8MPa。

2. 电磁阀

（1）电磁阀的作用与结构　电磁阀是一种开关式的自动阀门，它的作用是切断或接通制冷剂输液管。电磁阀的线圈通常与压缩机的电磁离合器线圈接在同一开关上，压缩机启动时，电磁阀通电打开阀孔；停止时，电磁阀立即关闭，避免了大量的液态制冷剂进入蒸发器，从而防止了再启动时，压缩机冲缸，起到安全保护作用。

电磁阀由电磁外壳、弹簧、线圈、铁芯、阀杆、阀体等组成。电磁阀种类很多，而在汽车空调设备中使用的主要是直接启闭式电磁阀，如图2-57所示。

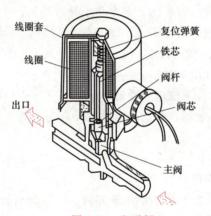

图 2-57　电磁阀

图2-58是电磁阀关闭、正在开启、全开的工作状况。

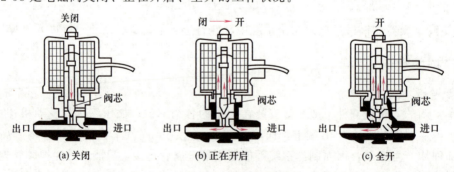

图 2-58　电磁阀工作状况

电磁阀的工作原理是当接通电源时，线圈与铁芯产生感应磁场，铁芯被吸而上移，阀孔被打开。电源被切断后磁场消失，铁芯因弹簧力和自身重力而下落，阀孔又被关闭。所谓直接启闭式，即是一次开启式的电磁阀，具有结构简单、操作方便、不易出现故障等优点。在制冷系统上被广泛采用。

(2) 电磁阀的安装与使用
① 必须垂直安装在水平管上，不能倾斜，以免引起铁芯卡住。
② 流体方向应与阀体标注箭头一致，反向会引起阀门关闭不严。
③ 使用场合的环境温度不宜超过55℃，以防线圈烧毁，也不应装在潮湿的地方。
④ 电磁阀必须安装在干燥过滤器与膨胀阀之前的液管中。
⑤ 电磁阀的规格主要根据管路直径大小、介质材料要求、使用工作电压来选用。

(3) 电磁阀的常见故障与维护　电磁阀一般常见故障是铁芯吸不起来，或阀孔关闭不严。如果通电后，听不到吸引时的冲击声，断电时又听不到下落声，由以下几种原因引起。
① 通电电压低于85%，使电磁力不足而吸不起来。经测量确定后，调整电压。
② 电源或线圈断路。可用万用表测量确定。
③ 铁芯被油污粘住。可以拆下来清洗。
④ 电磁阀进出口压力差超过开阀能力，使铁芯吸不上来。检查造成原因，并予排除。
⑤ 通电后有异味，可能是电磁线圈短路、烧毁所引起。可用万能表检查电压和电阻值。
⑥ 电磁阀关闭不严，可能是安装不垂直或装反所引起。检查后重新安装调整。

任务实施

1. 初步诊断，确认故障现象。
2. 查找知识准备，学习相关知识，分析汽车空调储液干燥器和集液器的工作原理。
3. 判断故障类型，确定汽车空调故障范围。
(1) 汽车空调储液干燥器常见故障诊断与排除。
(2) 汽车空调集液器常见故障诊断与排除。
4. 对小组成员进行合理分工，制订详细可实施的故障诊断与排除方案。
5. 找出故障点，排除故障。
6. 总结故障排除过程，完成诊断报告。

练 习 题

一、填空题

1. 中、小型汽车空调压缩机以_____、_____为主要形式。
2. 摇摆斜盘式压缩机是往复式_____结构，又称_____或_____。
3. 回转斜盘式压缩机是_____结构，又称_____。
4. 冷凝器的结构形式很多，而在汽车空调制冷系统中，经常采用的有_____、_____和_____等类型。
5. 管带式冷凝器是由盘成蛇形的_____和_____焊接而成。
6. 汽车空调制冷系统采用的蒸发器有_____、_____和_____等几种。
7. 在汽车上总是把_____、_____、_____甚至还有许多相关的零部件组装在一起，称为蒸发器总成。
8. 节流膨胀装置主要包括_____、_____等。
9. 膨胀阀主要有_____与_____两种，其中，热力膨胀阀根据平衡方式的不同又可以分为_____与_____两种形式。
10. 膨胀阀的结构由三大部分组成，即_____、_____和_____部分。

11. 膨胀阀的主要作用是_____、_____和控制作用等，它是制冷系统中的重要部件。

12. 膨胀阀的常见故障是发生_____或_____、阀口关闭不严、滤网堵塞及感温包_____或动力头焊接处漏。

二、选择题

1. 上海大众桑塔纳 3000 使用的空调压缩机品牌是（　　）。
   A. Zexel 或 Denso　　　　　　　　B. 日本三电公司 SD7V16 型变排量压缩机
   C. SE7PV16A　R134a　　　　　　D. SD-510 型

2. （　　）的作用是把来自压缩机的高温高压气体通过管壁和翅片将其中的热量传递给周围的空气，从而使高温高压的气态制冷剂冷凝成高温中压的液体。
   A. 冷凝器　　　　B. 蒸发器　　　　C. 电磁离合器　　　　D. 储液干燥器

3. 汽车空调（　　）置于车内，它属于直接风冷式结构，它利用低温低压的液态制冷剂蒸发时需吸收大量的热量的原理，把通过它周围的空气中的热量带走，变成冷空气送入车厢，从而达到车内降温的目的。
   A. 冷凝器　　　　B. 蒸发器　　　　C. 电磁离合器　　　　D. 储液干燥器

4. 当由压缩机压出的刚进入冷凝器中的制冷剂为（　　）。
   A. 高温高压气态　B. 高温高压液态　C. 中温高压液态　　D. 低压气态

5. 冷凝器中，经过风扇和空气冷却，制冷剂变为（　　）。
   A. 高温高压气态　B. 高温高压液态　C. 中温高压液态　　D. 低压气态

6. 蒸发器中制冷剂为（　　）。
   A. 高压气态　　　B. 高压液态　　　C. 低压液态　　　　D. 低压气态

7. 膨胀阀的安装位置是在（　　）。
   A. 冷凝器入口　　B. 蒸发器入口　　C. 储液干燥器入口　D. 压缩机入口

8. 节流管的安装位置是在（　　）。
   A. 冷凝器入口　　B. 蒸发器入口　　C. 集液器入口　　　D. 压缩机出口

9. 内平衡式膨胀阀，膜片下的平衡压力是从（　　）处导入。
   A. 冷凝器入口　　B. 蒸发器入口　　C. 冷凝器出口　　　D. 蒸发器出口

10. 外平衡式膨胀阀，膜片下的平衡压力是从（　　）处导入。
    A. 冷凝器入口　　B. 蒸发器入口　　C. 冷凝器出口　　　D. 蒸发器出口

三、简答题

1. 简述摇摆斜盘式空调压缩机的工作原理。
2. 空调压缩机拆卸、安装时应注意哪些事项？
3. 膨胀阀的主要作用是什么？

项目三 汽车空调制冷系统检修

 项目描述

汽车空调工作的环境比较恶劣,对汽车空调的制冷性能、使用寿命、运行稳定性及功耗提出了较高的要求,需要我们适时地对空调制冷系统进行检测。本项目主要介绍汽车空调制冷系统压力的测量、制冷系统检漏的方法,汽车空调常用的工量具的基本操作。

 技能要点

会正确使用汽车空调常用的工量具,会对汽车空调进行常规的检查、紧固;会对汽车空调制冷系统进行制冷量、压力测量;会对汽车空调制冷系统进行抽真空;会加注、回收、补充制冷剂以及加注冷冻机油。

 知识要点

认识汽车空调常见的工量具,并知道它们的使用方法。知道汽车空调制冷系统常规的基本操作方法。

任务一 制冷系统压力分析

 任务导入

某品牌4S店举行了一次"夏季送清凉"活动,一辆2010年款捷达车进站参加活动,按照活动规定,需要对车辆进行制冷系统压力检测,并根据检测结果确定是否需要进行维修工作。

 知识准备

一、歧管压力表

空调系统是一密闭系统,制冷剂在系统内的状态变化,看不见、摸不着,一旦出现故障往往无处下手,所以为了判断系统中的工作状态,必须借助于一种仪器——汽车空调歧管压力表。它主要用来检测制冷系统高、低压侧的压力,以及系统制冷剂的回收、抽真空、加注和制冷机油加注等。

1. 结构组成

如图3-1所示,歧管压力表由低压表、高压表、高压手动阀、低压手动阀、调节螺钉、三根检测软管及接头组成。

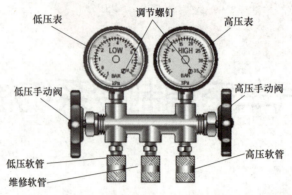

图3-1 歧管压力表的结构

2. 工作原理

歧管压力表与汽车空调系统之间是用胶皮软管连接起来的。胶皮软管有很多不同种类的颜色,通常情况下低压侧使用的是蓝色软管,与系统低压侧维修阀相连;红色软管用于高压侧,与高压侧维修阀相连;绿色或黄色用于连接真空泵或制冷剂罐。另外,胶皮软管应耐压、耐油。

歧管压力表工作原理如下。

① 同时关闭两个手动阀的情况下,能够检测高压侧和低压侧的压力。

② 开启低压手动阀,关闭高压手动阀,这种情况下能够从低压侧向制冷系统充注气态制冷剂。

③ 关闭低压手动阀,开启高压手动阀,这样可以使系统放空,同时排出制冷剂,也可以从高压侧向制冷系统充注液态制冷剂。

④ 同时开启两个手动阀,则其内部通道都相通。在这种情况下接上真空泵,便能够对系统抽真空。

3. 使用注意事项

① 连接歧管压力表软管时,应注意歧管压力表软管和压力表组歧管阀的正确对应连接,以及高、低压力表所对应的压缩机进出阀接头的正确连接。

② 连接歧管压力表软管或制冷剂瓶阀时,一般用手拧紧螺母即可,切勿使用钢丝钳等工具。

③ 从压缩机进出软管拆卸仪表软管时,必须快速、敏捷;拆卸高压软管时,要等压缩机停止工作几分钟后,待高压压力降低后再进行。

二、制冷系统压力状况分析

当制冷系统出现不同状况时,系统内高压侧和低压侧的压力也会随着变化。以 R134a

的空调制冷系统为例，其具体的压力状况如下所示。

1. 制冷系统工作正常的情况

制冷系统在正常工作情况下，其压力值会随着散热、温度、转速等因素略有浮动，压缩机类型不同则压力值也有所不同。压力表读数如图3-2所示。

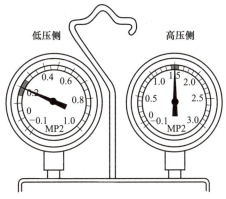

图3-2　正常情况压力读数

2. 制冷剂量不足（见表3-1）

表3-1　制冷剂量不足时压力表的指示及故障分析

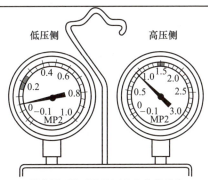

制冷剂不足时歧管压力表的指示值		
故障现象	可能原因	故障排除
①低压侧和高压侧压力均低 ②观察孔可以看到气泡 ③冷却不足	①制冷剂量少 ②系统可能发生泄漏	①补加制冷剂 ②检查泄漏点，修复 ③如果压力显示为0左右，检测泄漏点，并将系统抽真空

3. 制冷剂过多或冷凝器散热不足（见表3-2）

表3-2　制冷剂量过多或冷凝器散热不足时压力表的指示及故障分析

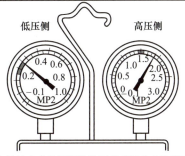

制冷剂过多或冷凝器散热不足时压力表的指示值

续表

故障现象	可能原因	故障排除
①低压和高压侧均高 ②甚至低速运转时,观察孔都看不到气泡 ③冷却不足	①制冷剂量过多,大量堆积在冷凝器内部,造成冷凝器散热的有效面积减少,系统压力升高,制冷效果变差 ②冷凝器本身散热不足,如阻塞,风扇故障,冷凝器表面脏污等	①清洁冷凝器 ②检查制冷剂存量,充注适当的制冷剂 ③检查冷凝器和冷凝器散热风扇运转情况

4. 制冷系统有潮气（见表3-3）

表3-3　制冷系统有潮气的压力指示及故障分析

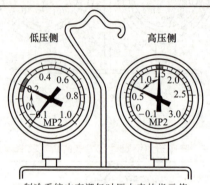

制冷系统中有潮气时压力表的指示值

故障现象	可能原因	故障排除
①空调运行开始阶段,压力正常,经过一段时间后,低压读数指示真空,经过几分钟或几秒钟,又恢复正常 ②出风口温度忽高忽低,即一会制冷一会不制冷	①进入系统的潮气在节流装置处结冰,循环暂时停止,但过一会后融化又恢复正常,如此反复 ②干燥剂处于饱和状态	①更换储液干燥器 ②抽真空,清除水分,然后注入适量新的制冷剂

5. 制冷循环堵塞（见表3-4）

表3-4　制冷循环堵塞时压力表的指示及故障分析

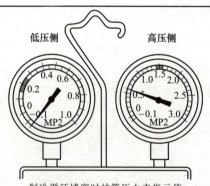

制冷循环堵塞时歧管压力表指示值

故障现象	可能原因	故障排除
①低压侧指示真空(取决于堵塞的程度),在高压侧压力指示太低 ②膨胀阀或储液干燥罐前后的管子上有结霜 ③不制冷或间歇制冷	①制冷剂中有水分或污物在阻塞制冷剂的流动 ②膨胀阀热传导管泄漏损坏,阻塞制冷剂循环	①检查膨胀阀或蒸发器 ②用压缩空气清除系统内污物 ③检修冷凝器或储液干燥器

6. 制冷循环有空气（见表3-5）

表3-5　制冷循环有空气时压力表的指示及故障分析

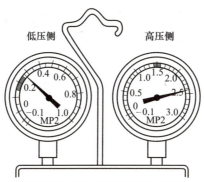

制冷循环中有空气时歧管压力表读数

故障现象	可能原因	故障排除
①低压和高压侧表压均高于标准值 ②感觉低压管路是热的 ③制冷不佳	①空气渗透 ②抽真空不彻底	更换制冷剂、彻底对系统排空

7. 膨胀阀开启过度（见表3-6）

表3-6　膨胀阀开启过度时压力表的指示及故障分析

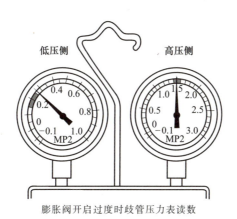

膨胀阀开启过度时歧管压力表读数

故障现象	可能原因	故障排除
①低压侧的压力变得明显高于标准值,高压侧显示几乎无变化 ②有霜附着在低压管路 ③制冷不佳	膨胀阀故障,热传导管安装位置不正确	①检查热传感管的安装情况 ②检修膨胀阀,若有故障进行更换

8. 压缩机工作不良（见表3-7）

表3-7 压缩机工作不良时压力表的指示及故障分析

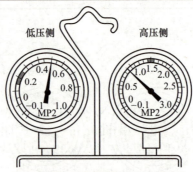

压缩机中的压缩缺陷时歧管压力表读数

故障现象	可能原因	故障排除
①低压侧高、高压侧低 ②无冷气	压缩机有缺陷，内部密封不良，阀门渗漏或损坏等	修理更换压缩机

三、制冷系统的压力测量

1. 注意事项

压缩机运行和不运行两种状态下，均可以采用歧管压力表进行压力测试。若压缩机长时间不运行时，压力表高低压侧读数一般是相等的。若在压缩机运行时，则需要满足下列条件方能进行压力测试。

① 发动机已经经过预热，所有车门均打开。

② 将空调设置为内循环，对于R134a的空调系统发动机转速控制在1500r/min，R12的空调系统转速控制在2000r/min。

③ 鼓风机转速调至最大，温度控制开关调至最冷。

对于正常工作下的空调制冷系统，高低压侧的压力范围是相对固定的，若空调制冷系统使用不同的制冷剂，其正常压力范围如下。

① R134a空调系统的正常压力范围，低压侧读数为0.15～0.25MPa，高压侧读数为1.37～1.57MPa。

② R12空调系统正常工作的压力范围，低压侧读数为0.15～0.20MPa，高压侧读数为1.45～1.50MPa。

2. 压力表的校准

大多数的高质量压力表都设置有校准调整装置，调整之后，压力表的精度一般可以达到总刻度的2‰。压力表的校准方法是用一个小螺丝刀在任意一个方向上转动调整螺钉，使指针指向0位置即可。如图3-3所示。

注意：在进行压力表数值读取时，压力表中的压力单位有bar、MPa、psi和kPa等，它们之间的换算关系为1psi等于6.895kPa；1bar等于14.5037psi。

3. 歧管压力表连接

① 关闭歧管压力表组高、低压侧手动阀门。

图3-3 校核压力表

② 将歧管压力表的检测软管连接到制冷系统检修阀上，高压侧软管与高压侧检修阀相连，低压侧软管与低压侧检修阀相连。
③ 连接时，要保证连接牢固，接头能顶开检修阀的气门芯。
④ 中间黄色检测软管按需要连接真空泵、制冷剂罐或者密封、放空。

四、制冷系统性能测试

在空调制冷系统维修过程中，空调制冷系统性能测试是非常重要的。通过性能测试不但可以判断制冷系统是否正常，而且在维修完毕后也可以作为向客户解释维修工作是否有效的依据。这里以 R134a 空调系统为例说明制冷系统的测试。

1. 性能试验

（1）测试条件

① 将空调器压力表与系统建立连接。

② 启动发动机预热，开启空调，车门打开，进气模式选择内循环，发动机转速控制在 1500～2000r/min，鼓风机转速最大，温度设定在最冷。

③ 确定车辆不是在阳光下暴晒。

（2）检测数据

① R134a 的空调系统低压侧 0.15～0.25MPa，高压侧 1.37～1.57MPa。

② 用干球温度计测量中央出风口的温度，用干湿球温度计测量空调进风口的温度。

③ 当测量温度稳定后，计算进风温度和出风温度之间的温差，对照图 3-4 查找进风口的相对湿度。

④ 如图 3-4 所示，根据相对湿度、进风口和出风口的温差，两者的焦点如在阴影区域中，则说明制冷效果良好。

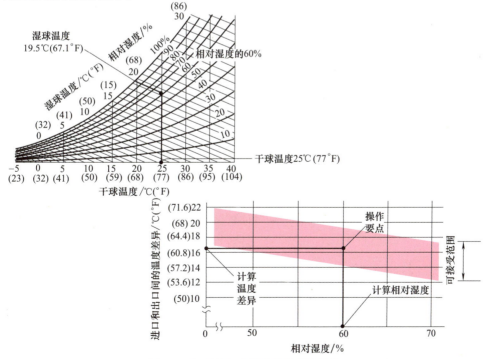

图 3-4　相对湿度和制冷效果判定图表

注意：当没有干湿球温度计，可以直接用干球温度计测量进风口和出风口的温度，两者之间温度正常应保持8～10℃。若温差小，则说明制冷效果不佳。

2. 制冷性能的其他判定方法

启动发动机，将空调风量调至最高挡，温度调节至最低温度挡，按下A/C开关，运行大约2～3min后按下列方法进行定性检查。

① 温度检测：压缩机吸入管有冰手的感觉，而排出管有烫手的感觉，两管之间有明显的温度差。

② 检查储液干燥器的出口和入口温度是否一致。如不一致，则说明储液干燥器存在堵塞或者失效。

③ 检查节流装置的前后，应该有明显的温度差异，前热后冷。

④ 检查冷凝器流入管和流出管温度，流入管的温度较流出管的温度高。

⑤ 检查膨胀阀或节流管到压缩机的入口之间的管路，应该有冰手而不结霜的感觉，即使结霜也随即融化。

⑥ 中央出风口吹出的风有冰凉的感觉。

▎任务实施

1. 初步诊断，确认故障现象。
2. 查找知识准备，学习相关知识，分析汽车空调制冷系统的工作原理。
3. 判断故障类型，确定汽车空调制冷系统故障范围。
   （1）汽车空调歧管压力是否正常。
   （2）汽车空调制冷系统压力状况分析。
4. 对小组成员进行合理分工，制订详细可实施的故障诊断与排除方案。
5. 找出故障点，排除故障。
6. 总结故障排除过程，完成诊断报告。

任务二　制冷系统检漏

任务导入

某4S店售后维修中心接收了一台2012年东风标致汽车，车主反映该车存在制冷剂泄漏、制冷效果不明显等问题，需要对车辆进行制冷系统泄漏检查，并根据检测结果确定是否需要加注制冷剂及其他维修工作。

知识准备

一、制冷剂

1. 制冷剂的定义

在制冷系统中用于转换热量并循环流动的物质称为制冷剂。目前汽车空调系统中使用的制冷剂有 R12 和 R134a 两种，其中字母"R"是制冷剂（Refrigerant）的简称。世界各国都统一使用美国制冷工程师协会（ASRE）编制的制冷剂代号系统，制冷剂的种类很多，十分庞杂，简言之，只要能进行气液两相转换的物质，均可作为蒸发制冷系统的制冷剂。以此标准，水（R718）、空气（R729）都算制冷剂。R134a 及 R12 是制冷剂标准编号系统中的两种制冷剂。

2. 制冷剂的性能特点

汽车空调使用的制冷剂需要具备以下性能特点。

① 因为制冷是通过液体的蒸发来实现的，因此制冷剂必须是易于蒸发或汽化的物质。

② 制冷剂要有较高的潜热。

③ 为了保证制冷系统的安全工作，制冷剂应是不易燃烧和爆炸的物质。

④ 制冷剂应该对人体无害，但又有特殊气味，这样就能通过嗅觉来发现制冷系统是否泄漏。

⑤ 制冷剂应有较高的稳定性，应能反复使用，对金属、橡胶和润滑油应无明显的腐蚀。

⑥ 制冷剂的蒸汽压力应比大气压力高，以免空气进入制冷系统。

3. 氟利昂（R12）的性能特点

早期的汽车一般采用氟利昂作为制冷剂，其代号为 R12，化学名称为二氟二氯甲烷（$CH_4Cl_2F_2$），常温常压下为无色无味的气体，其相对密度约为空气密度的 4.18 倍。化学性能稳定，不易燃烧，对热体的危害性小，但与火焰接触时会分解为有毒气体，易相溶于矿物质机油，因此空调系统的机械零件可以加注适量的专用冷冻机油而得到良好的润滑效果。

注意：由于氟利昂中含有氯元素，会对大气中的臭氧起到破坏作用，国际上已经禁止使用其作为空调制冷的制冷剂。

4. R134a 性能特点

R134a 化学名称为四氟乙烷，分子式为 CH_2FCF_3。

① 沸点 $-26.5°$，凝点 $-101.6°$。

② 制冷剂在气态和液态下均无色，类似水，在气态下也不可见。

③ 不可燃性，但在高温下或遇明火和红热表面时将分解放出有毒的刺激性气体（氢氟酸），对人体健康十分有害。

④ 与金属的相容性，在纯净状态下，制冷剂化学性能稳定，并不腐蚀铁和铝，但在含有杂质的情况下会腐蚀某些金属和塑料，这将导致空调压缩机的活塞出现堵塞、泄漏和沉淀物。

⑤ 具有一定的吸湿性，液态下制冷剂中只有少量水分溶解，但在蒸汽状态下可以和水以任何比例混合。

⑥ 环保特性，R134a 中不含氯，对臭氧层没有破坏，其温室效应也比 R12 要小 10 倍以上。

5. 两种制冷剂压力和沸点的气压曲线特性比较

在汽车空调制冷系统中，在恒压状态下，制冷剂蒸汽会因冷凝器表面温度的下降而变成液体，在蒸发器内部因为压力的下降由液态转化为气态。此两种制冷剂的气压特性曲线如图 3-5 所示。

6. 使用制冷剂的注意事项

① 制冷剂：R12 与 R134a 是互不相溶的，任何情况都不得混用，也不能相互替代。

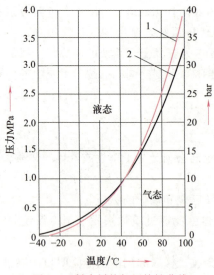

图 3-5　制冷剂的气压特性曲线
1—R134a；2—R12

② 润滑油：R134a 制冷剂必须采用专用合成型机油；R12 使用矿物质机油，绝对不能互换，否则可能引起压缩机卡死等故障。

③ 密封材料：使用两种制冷剂的制冷系统中所使用的密封圈不同，一般 R12 为黑色，R134a 为紫色。如果互换可能会使密封圈气泡发胀，导致系统泄漏。

④ 制冷剂不允许直接接触皮肤和眼睛；进行制冷系统操作时，需要佩戴护目镜和手套进行操作。

⑤ 在进行制冷剂充注和回收时，必须在通风和无地沟的环境操作，因为制冷剂比空气重，可能会引起人的窒息。

⑥ 带空调的车辆进行油漆工作，如需喷、烤漆时，烤房内及预热区温度不可超过 80℃。高温可导致空调系统内压力过高，从而造成系统爆裂。

⑦ 制冷剂钢瓶或容器应小心轻放，为防止损坏应使用合适的阀门扳手开或关，在存储和取用制冷剂时所有的钢瓶应向上直立。

⑧ 制冷剂具有强吸湿性，容器和制冷系统管路应避免直接与空气接触。

二、冷冻机油

制冷压缩机使用的机油一般称为冷冻机油，它是一种淡黄色、无味、无毒、吸水性很强的物质，可保证压缩机正常运转、可靠工作和延长使用寿命。冷冻机油大部分存储在压缩机内部，有一部分随着制冷剂循环流动，冷冻机油在制冷系统中的分布情况如图 3-6 所示。

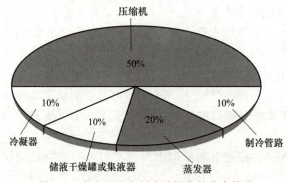

图 3-6　冷冻机油在制冷系统中的分布情况

1. 冷冻机油的作用

① 润滑作用。可以润滑压缩机运动零部件表面，减少阻力和摩擦，降低功耗，延长使用寿命，提高制冷能力。

② 冷却作用。能及时带走运动表面摩擦产生的热量，防止压缩机温升过高或压缩机被烧坏。若冷冻机油冷却能力不足，会造成压缩机过热，排气压力上升，制冷效率下降等。

③ 密封作用。汽车上使用的压缩机都是半密封的，压缩机的输入轴需要轴封来密封，以防止制冷剂泄漏。润滑油深入各摩擦密封面而形成油封，起到阻止制冷剂泄漏的作用。

④ 降低压缩机噪声。润滑油不断冲洗摩擦表面，带走磨屑，可减少摩擦件的磨损。

2. 使用冷冻机油的注意事项

① 不同牌号的冷冻机油不能混合使用，否则会引起冷冻机油变质。
② 冷冻机油极易吸水，所以使用后的冷冻机油容器应该马上拧紧。
③ 不能使用变质的冷冻机油。
④ 冷冻机油绝对不允许加注过量，否则会占用制冷系统的空间，最终影响制冷效果。
⑤ R12 和 R134a 应选择与其匹配的冷冻机油。

三、常见的泄漏部位及检漏方法

1. 汽车空调系统常见的泄漏部位

汽车空调系统工作条件比较恶劣，其制冷系统一直随汽车工作在振动的工况，极易造成部件、管道损坏和接头松动，使制冷剂发生泄漏。据统计，空调系统的故障有 70% 是由于泄漏引起的，其泄漏的常发部位见表 3-8。

表 3-8 汽车空调系统泄漏的常发部位

部 件	泄漏处	部 件	泄漏处
冷凝器	①冷凝器进口管和出口管连接处 ②冷凝器盘管	制冷剂管道	①高、低压软管 ②高、低压软管各接头处
蒸发器	①蒸发器进口管和出口管连接处 ②蒸发器盘管 ③膨胀阀两端连接处	压缩机	①压缩机油封 ②压缩机吸排气阀处 ③前后盖密封处 ④与制冷剂管道接头处
储液干燥瓶	①熔塞 ②管道接头喇叭口处		

此外，每当检修或拆装制冷系统管路或更换部件之后，都必须对制冷系统进行气密性检查，防止制冷剂泄漏，引起空调故障。

2. 常见的检漏方法

一般在维修空调制冷系统时，有以下几种常见的检漏方法。

（1）检查油迹 因为汽车空调中所采用的压缩机油（冷冻油）是与制冷剂互溶的，因而可根据制冷系统及其连接软管等零件的表面和连接处出现油迹来判断有制冷剂逸出。系统中有油迹的地方一般都是泄漏的痕迹。

（2）肥皂沫检漏 要想确定细微漏点，肥皂泡是个比较有效的方法。有些漏点局部凹陷，试漏灯或电子检测器械很难进入，要想确定泄漏的准确位置，应采用肥皂泡检漏［见图 3-7（a）］。

将有一定浓度的肥皂水（可把肥皂切碎，也可用肥皂粉）涂布在受检处。若零件表面有油迹，要事先擦净。若检查接头处，要整圈均匀涂上。仔细全面地观察，若有气泡或鼓泡，则可判为有泄漏。在制冷系统低压侧管道检漏，必须使压缩机不工作；在高压侧检漏时，就不受限制。关键是肥皂水的浓度要掌握好，太稀、太浓都不行。这种方法比较经济、实用，适用于暴露在外表，人眼能看得到的部位，但精度较差，不能检查微漏，对找出针眼大小的泄漏最有效。

（3）使用电子检漏仪 ［见图 3-7（b）］ 灵敏度较高，使用方便、迅速，但设备价格较贵，

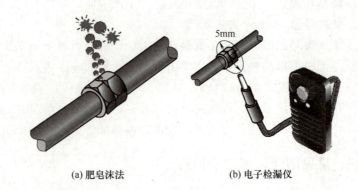

(a) 肥皂沫法　　　　　(b) 电子检漏仪

图 3-7　检漏方法

而且容易出故障。检查时，应当遵照电子检漏仪制造厂家的有关规定，一般按下列步骤进行。

① 转动控制器或敏感性旋钮至断开（OFF）或 0 位置。

② 电子检漏仪接入规定电压的电源，接通开关，如果不是电池供电，应有 5min 的升温期。

③ 升温期结束后，放置探头于参考漏点处，调整控制器和敏感性旋钮至检漏仪有所反应为止，移动探头，反应应当停止，如果继续反应，则是敏感性调整得过高，如果停止反应，则是调整合适。

④ 移动寻漏软管，依次放在各接头下侧，还要检查全部密封件和控制装置；断开和系统连接的真空软管，检查真空软管接头处有无制冷剂蒸汽。

⑤ 如发生漏点，检漏仪就会在漏点处有反应状况。探头和制冷剂的接触时间不应过长，也不要把制冷剂气流或严重泄漏的地方对准探头，否则会损坏探测仪的敏感元件。

使用电子检漏仪时，需要注意以下几点。

① 电子检漏仪一般需要预热 10min 左右。

② 将仪器调整到所要求的灵敏度范围。

③ 检测时，将探头放到被检的全方位，防止漏检。

④ 一旦检查到泄漏部位，探头应该立即离开，以免损坏仪器，缩短其使用寿命。

（4）紫外线荧光检漏　将一种荧光彩色燃料充注空调系统，使之循环流动，将一盏特制的紫外线灯经过空调系统的每一个器件。如果发生明显泄漏，彩色燃料将会发出明亮的光。此种方法适用于检测微小的泄漏点。

（5）真空保压法检漏　在抽真空作业完成之后，保持系统真空状态一定时间后，观察压力表的低压表真空度。如真空指示没有变化，则说明系统无泄漏；如真空指示回升，则说明系统存在泄漏。此种方法只能检测是否有泄漏，不能检测泄漏的具体部位。

（6）压力检漏

① 应正确连接歧管压力表。

② 将氮气瓶打开，然后打开歧管压力表高、低压手动维修阀，向系统内充注干燥氮气，其压力达到 1.2～1.5MPa 时，关闭歧管压力表高、低压手动维修阀。

③ 将肥皂沫涂抹在容易漏气的管路接头处或焊接处，仔细观察有无泄漏。

④ 对漏气处做出记号，并反复检查几次，直到全部漏气处都找到，对漏气处加以维修。

⑤ 维修完毕后，还应再试漏，让空调系统保持压力 24～48h。若压力不降低，则检漏

成功，若压力稍有降低，还应继续检漏，直到找出泄漏处并加以消除为止。

3. 维修阀泄漏和丢失

维修阀的保护帽是导致制冷剂泄漏的重要原因之一。在一般轿车中，若丢失维修阀保护帽，每年从维修阀处漏失的制冷剂可能有 0.45kg 之多，故应对维修阀进行检漏，并且维修阀一定要盖紧保护帽。

四、制冷剂充装

1. 制冷剂的充装

在对制冷系统充注制冷剂前，必须先对整个系统抽真空。其目的是为了排除制冷系统内的空气和水汽。抽真空并不能直接把水分抽出制冷系统，而是产生真空后降低了水的沸点，水汽化成蒸汽后被抽出制冷系统。因此，抽真空时时间越长系统内残余的水分就越少。为最大限度地将系统内的空气及湿气抽出，必须采用重复抽真空法，即第一次抽真空完毕后，再连续抽 30min 以上。

当制冷系统抽真空达到要求，且经检漏确定制冷系统不存在泄漏部位后，即可向制冷系统充注制冷剂，充注前先确定注入制冷剂的数量，因为充注量过多或过少都会影响空调制冷效果。压缩机的铭牌上通常都标有所用的制冷剂的种类及其充量。

工具准备：准备的工具包括歧管压力表、真空泵、制冷剂回收装置、充足的制冷剂和制冷机油。

操作注意事项如下。

① 作业环境。维修空调时注意清洁和防潮。

② 按照制冷剂的安全操作规范进行制冷剂设备和制冷剂的使用操作。

汽车空调制冷剂的加注

③ 发动机运转时，切不可打开歧管压力表上的高压手动阀使制冷剂倒流入制冷剂罐内，否则会引起爆炸事故。在发动机运转过程中从低压侧加注气态制冷剂时，切不可倒放制冷剂钢瓶，以防止压缩机"冲缸"。

2. 制冷剂的回收

必须先排空制冷系统中的制冷剂，然后才能拆除制冷系统零部件，也就是说要使制冷系统泄压后才能进行拆卸工作。排空制冷剂时，制冷剂必须要回收统一处理或再利用，不能直接排放到大气中。

采用歧管压力表进行制冷剂排空及回收的步骤如下。

① 如图 3-8 所示，将歧管压力表高、低压软管连接到制冷系统的高、低压维修阀上，中间软管连接到储油罐上。

② 连接好管路后，关闭高、低手动阀，将空调系统调到最冷的位置，发动机运转速度控制在 1000~2000r/min，并运行大约 15min 后，关闭发动机。

③ 首先将中间软管的自由端放到干净的软布上，注意此时不要启动发动机。

④ 慢慢打开高压手动阀，让制冷剂从中间软管自由端排出到软布上，观察软布上有无油污，调节阀门的开度控制制冷剂的流量。如果开度过大，压缩机内的冷冻机油会随着制冷剂流出。

⑤ 当高压表读数降到 0.35MPa 以下时，缓慢打开低压手动阀，注意开度不要太大，防止冷冻机油流出。此时制冷剂从高低压两侧同时排出。

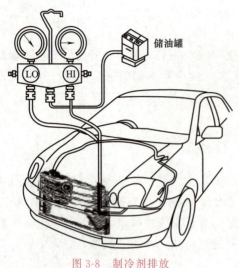

图 3-8 制冷剂排放

⑥ 当系统压力下降时，逐渐开大高压和低压手动阀的开度，直到两者压力指针读数达到 0MPa 为止，关闭手动阀。

⑦ 如在排放过程中不慎将大量制冷机油排出，在加注制冷剂前应该加入等量的制冷机油。

3. 制冷剂抽真空

空调系统在加注制冷剂前抽真空是为了清除系统中的空气及水分，进一步检查系统在真空情况下的密封性，系统中若混有空气和水分会产生以下不良后果。

① 由于空气绝热指数大于制冷剂的绝热指数，就导致压缩机排气温度高于制冷剂气体温度。

② 空气进入系统后，制冷剂冷凝压力也会升高。

③ 由于空气存在，冷凝器传热管内表面上形成的气层，起了增加热阻的作用，降低了冷凝器的散热能力。

④ 水在系统中与制冷剂作用产生酸性物质，从而腐蚀管道和设备。

⑤ 水在系统中与制冷剂不相溶，而会在膨胀阀节流孔处形成"冰堵"现象。所以必须将系统中空气及水分减少到最低限度，必须对系统抽真空到真空度为 98.7kPa（740mmHg），使水沸腾蒸发后排出。

对制冷系统抽真空时，需要将歧管压力表的高、低压软管连接到制冷系统的高、低压维修阀，中间软管连接真空泵，如图 3-9 所示。抽真空的步骤如下。

① 打开歧管压力表的高、低压手动阀，并注意观察高、低压表指针，将系统压力抽真空至 100kPa。

② 关闭歧管压力表上的高、低压手动阀，观察表针指示压力是否回升。若回升压力大于 3.4kPa，则说明系统有泄漏。

③ 关闭歧管压力表上的高、低压手动阀。

④ 关闭真空泵。关闭真空泵的目的是防止空气进入制冷系统。

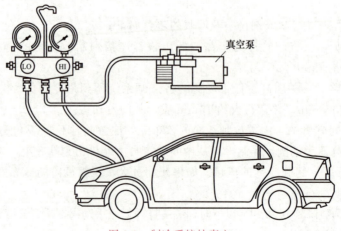

图 3-9 制冷系统抽真空

4. 制冷剂充注

在制冷系统抽真空和检漏完成后,便可以向制冷系统充注制冷剂。充注前需要先确定制冷剂的冲注量,冲注量过多或过少都会影响制冷效果。充注制冷剂可采用高压端充注或低压端充注两种方法。

① 高压端充注制冷剂。从压缩机排气阀(高压阀)的旁通孔(多用通道)充注,充入的是制冷剂液体,特点是安全快速,适用于制冷系统的第一次充注,经检漏、抽真空后的系统充注。但用该方法时必须注意,充注时不可开启压缩机(发动机停转),且制冷剂罐要倒立。

② 低压端充注制冷剂。从压缩机吸气阀(低压阀)的旁通孔(多用通道)充注,充入的是制冷剂气体,特点是充注速度慢,通常在系统补充制冷剂的情况下使用。

充注制冷剂的步骤如下:

(1) 安装加注罐 为了方便汽车空调的维修,制冷剂生产厂家制造了一种小罐制冷剂,但需要有制冷剂罐冲注阀才能开启。

① 首先连接阀门和加注罐,如图3-10所示。

如图3-10(1)所示,检查加注罐连接部件的盘根,逆时针转动手柄升起针阀,逆时针转动阀盘升起阀盘。

如图3-10(2)所示,把阀门旋进直到加注罐和盘根紧密接触,然后紧固阀盘以卡住阀门。

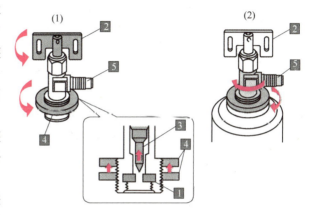

图3-10 连接阀门和加注罐
1—盘根;2—手柄;3—针阀;4—阀盘;5—阀门

② 然后再将加注罐安装到歧管压力表上,如图3-11所示。

完全关闭歧管压力表的高、低压手动阀,如图3-11中(1)。

把加注罐安装到歧管压力表的中间软管上,如图3-11中(2)。

顺时针转动手柄直到针阀在加注罐上钻个孔,如图3-11中(3)。

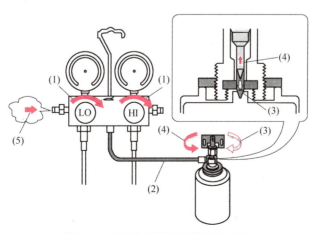

图3-11 安装加注罐到歧管压力表上

逆时针转动手柄退出针阀,如图3-11中(4)。

按下歧管压力表的空气驱除阀排出空气直到制冷剂从阀门释出,如图3-11中(5)。

(2)加注制冷剂

① 高压端充注制冷剂。当制冷系统抽真空后,关闭歧管压力表上的高、低压手动阀,将歧管压力表与制冷系统连接。

将中间软管的一端与制冷剂罐注入阀的接头连接起来,如图3-12所示,打开制冷剂罐开关,再拧开歧管压力表软管一端的螺母,让气体溢出几分钟,把空气排除,然后再拧紧螺母。

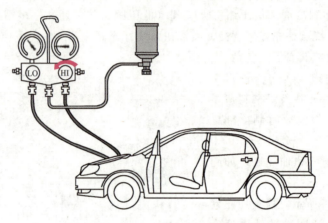

图3-12 高压端充注制冷剂

将高压手动阀打到全开,将制冷剂罐倒立,以便从高压侧充注液态制冷剂。

从高压侧注入规定量的液态制冷剂。充装结束后,关闭制冷剂罐注入阀及歧管压力表上的手动高压阀,然后拆卸仪表。

② 低压端充注制冷剂。如图3-13所示,将歧管压力表与制冷系统和制冷剂罐连接好。

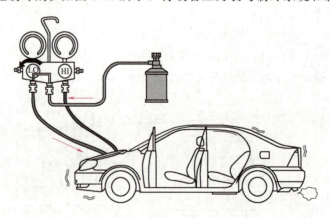

图3-13 低压端充注制冷剂

打开制冷剂罐开关,关闭高、低压手动阀,拆开高压端检修阀和胶管的连接,然后打开高压手动阀。在胶管口听到制冷剂蒸汽出来的嘶嘶声后,立即将软管与高压检修阀相连,关闭高压手动阀。用同样的方法清除低压端和管路中的空气,然后关好高、低压手动阀。

打开低压手动阀,让制冷剂进入制冷系统,当系统压力值达到0.14MPa时,关闭低压手动阀。

启动发动机并将转速调整到1250r/min左右,将空调开关接通,将鼓风机开关调至最高,温度开关调至最冷。

打开歧管压力表上的低压手动阀,让制冷剂继续进入制冷系统,当充注量达到规定值后,立即关闭低压手动阀。

充装结束后,关闭制冷剂罐注入阀及歧管压力表上的手动低压阀,然后拆卸仪表。动作要迅速,防止过多制冷剂排出。装回制冷系统高、低压维修阀的保护帽。

注意:低压侧充注制冷剂时,制冷机罐不能倒立,否则可能损坏压缩机。

五、冷冻机油的充装

汽车空调制冷系统在一般情况下,冷冻机油的消耗量少,可以两年更换一次,每次加入的数量见表3-9。添加时一定要保证同一牌号的冷冻机油,因为不同牌号的冷冻机油会产生沉淀物。

表3-9 几种车型的冷冻机油充注量

汽车制造厂家	压缩机型号	冷冻机油冲注量/mL
马自达ES200	—	60
三菱	6F308H13 2Z306S	2000 350
日产	DKP-12D	190
日野	6C-500 6C-300	1700~1900 1500
中国北方-尼奥普兰	FK4	2600
丰田	6D152A 6E171	350 280

冷冻系统如果制冷剂泄漏很慢,对冷冻机油的泄漏影响不大;如果制冷剂泄漏很快,冷冻机油也会随之快速泄漏,这时应检查压缩机冷冻机油的油量,如果压缩机里的冷冻机油存油量过少,压缩机会过热,甚至发生拉缸现象,但如果冷冻机油过多,又会影响制冷系统的制冷效果。当更换压缩机或制冷系统某一部件时,需要向制冷系统补充一定量的冷冻机油,补充量见表3-10。

表3-10 冷冻机油补充量

更换的零部件	冷冻机油补充量/mL	更换的零部件	冷冻机油补充量/mL
冷凝器	40~50	制冷系统管道	10~20
蒸发器	40~50	储液干燥器	10~20

1. 冷冻机油油量的检查

压缩机冷冻机油的检查一般有两种方法。

(1) 观察视液窗 如果压缩机冷冻机油油面达到视液高度的80%位置,一般认为是合适的。如果油面在此界限之上,应放出多余的冷冻机油;如果油面在此界限之下,则应添加冷冻机油。

(2) 用油尺检查 对于未装视镜玻璃的压缩机,可用量油尺检查其油量。油尺放于油塞下面,测量时,先拧松油塞,抽出油尺,观察油面的位置是否在规定的上、下限之间。

2. 添加冷冻机油

添加冷冻机油可用以下两种方法。

(1) 直接加注法

① 如图 3-14 所示,拆卸旧压缩机放油螺栓,将压缩机曲轴箱中机油排到一个带有刻度的清洁容器中。

② 如图 3-15 所示,转动压缩机轴,从压缩机的排气和吸气端口,将可能存在的机油排入同一个容器。

图 3-14　通过放油螺栓放油

图 3-15　转动压缩机轴

③ 记录容器中的油量值。按照同样的方法将新压缩机中含有的机油倒入另外的油杯。

④ 如图 3-16 所示,比较两个油杯的机油数量,向新压缩机中注入与旧压缩机中同样多的冷冻机油。

(2) 真空吸入法　真空吸入法是先将系统抽真空到 98kPa,再用带刻度的量杯准备比需要的量多一些的冷冻机油,然后开始加注冷冻机油。如图 3-17 所示。

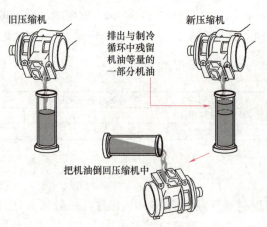

图 3-16　冷冻机油加注

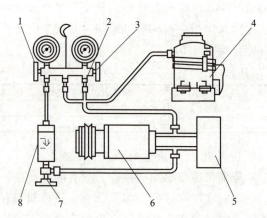

图 3-17　真空吸入法加注冷冻机油

1—手动阀;2—表阀;3—高压手动阀;4—真空泵;
5—制冷系统;6—压缩机;7—放油阀;8—注油器

加注过程如下：先将空调系统抽真空，将机油加注器通过软管连接到制冷系统低压维修口上，打开加注器阀门，经空调系统中产生的真空使冷冻机油流入空调系统的低压侧。当注油器的油量减至规定值时，要注意立即关闭检修阀，以免吸入过量的制冷机油，充注结束后，关闭加注器阀门。

任务实施

1. 初步诊断，确认故障现象。
2. 查找知识准备，学习制冷系统检漏相关知识。
3. 判断故障类型，确定汽车空调制冷系统故障范围。
（1）判断汽车空调是否需要加注制冷剂。
（2）检查汽车空调制冷剂泄漏部位。
4. 对小组成员进行合理分工，制订详细可实施的故障诊断与排除方案。
5. 找出故障点，排除故障。
6. 总结故障排除过程，完成诊断报告。

练 习 题

一、填空题

1. 制冷系统试漏有_____、_____、_____、_____、_____、_____及_____等几种。
2. 目前常用的多功能电子检漏仪，它既能检测_____，又能检测_____。
3. 染料示踪检漏法将加有目前常用的多功能电子检漏仪的制冷剂注入系统，如系统有泄漏的情况，由于有_____，泄漏点可以明显地被发现。
4. 电子检漏仪应在_____的地方使用，避免在_____的地方使用，实施检查时，发动机要_____。
5. 真空泵是汽车空调制冷系统安装、维修后抽真空不可缺少的设备，以去除系统内的_____和_____等物质。
6. 制冷剂回收与充注装置回收制冷剂一般使用_____法将制冷剂变成液态。
7. 制冷系统抽真空的目的是为了_____。
8. 填充制冷剂时不可将液态制冷剂由低压端灌入，否则将使_____损坏。
9. 冷冻机油的作用有_____、_____、_____、_____和_____等。
10. 如果压缩机里冷冻机油存油过少，则压缩机润滑_____，会发生_____，甚至_____现象。

二、选择题

1. 制冷系统如制冷剂加注过多则（　　）。
   A. 制冷量不变　　　　　　　　　　B. 制冷量下降
   C. 系统压力下降　　　　　　　　　D. 视液镜看到有气泡
2. 制冷系统如制冷剂加注不足则（　　）。
   A. 视液镜看到有混浊气泡　　　　　B. 视液镜看到有连续不断缓慢的气泡流动

C. 视液镜看到有连续不断快速的气泡流动　　D. 以上都不正确

3. 制冷系统如混入空气（　　）。

A. 系统压力过高，且高压表针来回摆动　　B. 制冷量不变

C. 视液镜看到有混浊气泡　　D. 以上都不正确

4. 如空调压缩机内部漏气，从压力表处可观察到（　　）。

A. 高压侧压力太高　　B. 低压侧压力太高

C. 高、低压侧压力都偏低　　D. 以上都不正确

5. 充注制冷剂的方法中，下列错误的是（　　）。

A. 从高压端充注

B. 从低压端充注

C. 从高低压端同时充注

D. 从高压端注入液态制冷剂，再从低压端补足制冷剂

6. 检测空调时可以加压法试漏，最好注入（　　）。

A. 氧气　　B. 空气　　C. 二氧化氮　　D. 氮气

7. 下列不是空调系统检漏方法的是（　　）。

A. 肥皂液　　B. 电子检漏仪　　C. 着色剂　　D. 电灯法

8. 用无压力的制冷剂润滑油容器给空调系统加油时，应该在（　　）。

A. 充入制冷剂的过程中加入　　B. 测试系统是否泄漏之前加入

C. 排空和抽真空操作之间加入　　D. 抽真空和加注制冷剂的操作之间加入

9. 对汽车空调系统进行安装、维修和保养时，首先要确认该系统采用了哪种（　　）。

A. 压缩机　　B. 储液干燥器　　C. 制冷剂　　D. 冷冻油

10. 冷冻机油不要存放在（　　）容器中，以防止水分的透入。

A. 塑料　　B. 金属　　C. 陶瓷　　D. 玻璃

三、判断题

1. R12系统检修软管与R134a系统检修软管通用。　　（　　）

2. 回收是将制冷剂从系统排出并存放到一个特殊的外部容器里，无需进一步加工，在一定条件下，这种制冷剂可从排出口返回到系统中。　　（　　）

3. 重灌是将制冷剂从系统排出经再生后重新充注，此过程可在现场进行，无需分析试验。
　　（　　）

4. 排放就是将制冷剂从系统中排出。排出时一定要用干净的脸盆接上，不得随地泼。（　　）

5. 在未充注制冷剂的情况下必须先运转压缩机。　　（　　）

6. 真空检漏法就是系统抽真空后，压力表指示应在13.5～20.3kPa之间为正常，如果达不到，则关闭手动阀进行真空检漏，等待5min，如果压力表指针基本不动，表示系统无泄漏。　　（　　）

7. 拆卸后的所有接口，必须立即盖住开口部分，以防止潮气和灰尘进入系统内部。
　　（　　）

8. 分解压缩机时，先放出压缩机润滑油，并测量放出的润滑油量。观察排出的润滑油有无变色、杂质和金属屑。如润滑油变红或杂质过多，应更换，补加数量应和放出数量相等或稍多一点。　　（　　）

9. 安装压缩机后，应立即充注以防潮气进入系统等。　　（　　）

10. 空调制冷系统中，制冷剂越多，制冷能力越强。   （   ）

四、问答题

1. 使用空调时需注意哪些事项？
2. 制冷系统检漏方法有哪几种？
3. 简述对空调的定期检查有哪些？
4. 试说明肥皂泡沫检漏法及主要检漏部位。
5. 怎样确定制冷系统管路中的高、低压侧？
6. 何谓抽空？叙述用真空泵抽真空的操作步骤及注意事项。
7. 充注液态制冷剂和充注气态制冷剂分别用于哪些场合？具体步骤如何？
8. 叙述冷冻机油品质的检查方法。
9. 何谓充注？压缩机冷冻机油量的检查一般有哪两种方法？分别叙述其检查方法。

项目四

汽车空调的暖风与配风系统检修

项目描述 >>>

汽车空调系统已经发展成冷暖一体化的装置,不仅能制冷,而且能制热和通风,成为适应全年性气候的空气调节系统。其中制暖采暖是空调重要的功能之一,在实际维修工作中,暖水箱的泄漏、除霜失效等占了很大的比重。因此暖风系统中,暖水箱(加热芯)的更换、水阀及配风系统的检查和维护是必须掌握的技能之一。

技能要点 >>>

会描述汽车空调通风系统、供暖系统、配气系统的工作原理,会拆装及检修汽车空调通风系统、供暖系统、配气系统等主要零部件。

知识要点 >>>

知道汽车空调通风系统、供暖系统、配气系统的工作原理,认识汽车空调通风系统、供暖系统、配气系统的结构,知道通风系统、供暖系统、配气系统的拆装步骤。

任务一 汽车空调暖风系统

任务导入 >>>

一款日产阳光轿车空调出现故障进站维修,车主反映,最近正处冬季气温较低,该车空调暖风,启动车后将空调置于制热挡,10min后该车驾驶室温度并未明显上升,车主要求维修技术人员尽快解决问题。

客户反映,一款日产阳光轿车空调出现故障,车外温度较高,闭合空调开关,将温度杆

项目四 汽车空调的暖风与配风系统检修

置于"COOL"(冷)的位置,空调不制冷,要求维修技术人员能够解决空调的问题。

知识准备

汽车的取暖系统是将车外新鲜空气引入热交换器,吸收其中某种热源的热量,从而提高空气的温度,并将空气送入车内的装置。

汽车暖风空调系统的作用:

① 与蒸发器一起共同将空气调节到使人感到舒适的温度。

② 在寒冷的冬季向车内提供暖气,提高车内空气的温度。

③ 当车窗结霜,影响司机和乘客的视线,不利于行车安全时,可通过采暖装置吹出热风来除霜。

汽车暖风系统组成及工作原理

汽车空调暖风装置的种类有很多,按照热源的不同,可分为水暖式暖风装置、气暖式暖风装置;按所使用的热源不同,可分为发动机余热式、独立燃烧式暖风装置以及综合预热式暖风装置。

暖风系统检修

一、余热式暖风系统

1. 水暖式暖风装置

水暖式取暖系统是利用发动机的冷却循环水的余热作为热源,将其引入热交换器(加热器),由鼓风机将车厢内或车外部的空气吹过热交换器而使之升温,如图4-1所示。

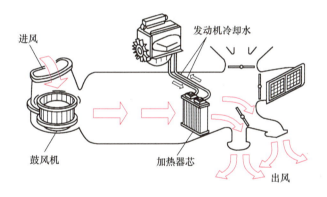

图4-1 水暖式取暖系统工作示意

水暖式暖风装置一般由控制阀、鼓风机、暖风水箱、节温器及相应的管路组成,其结构示意图如图4-2所示。

(1)冷却液控制阀 冷却液控制阀一般安装在加热器芯的入水管前面,用来控制进入加热器芯的发动机冷却水的流量。

冷却液控制阀有两种控制方式。一种是拉绳控制阀,其结构如图4-3所示。拉绳钢索式冷却液控制阀使用在手动空调中,它需依靠人工移动调节键来移动开关的钢索,来达到关闭或打开控制阀。

另一种是真空控制阀,主要由真空膜、活塞和阀体组成,其结构如图4-4所示。其工作原理:供暖气时,真空膜片盒的右空腔与真空源导通,在两端压力差作用下,膜片克服弹簧力,带动活塞一起右移,活塞将冷却液通路开启,这时发动机冷却液流向加热器,系统处于供暖状态。

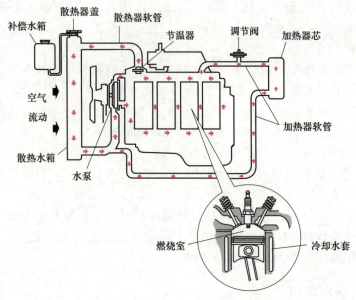

图 4-2 水暖式暖风装置的结构示意

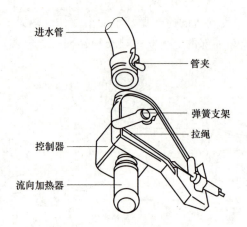

图 4-3 拉绳控制阀

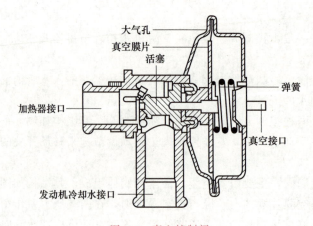

图 4-4 真空控制阀

若真空膜片盒的真空源断开,则弹簧压力通过膜片带动活塞左移,此时冷却液的通路被关闭,加热器不会发热。真空控制阀可以用在手动空调上,也可用在自动空调上。

(2) 加热器芯 加热器芯由管/叶片和容器组成,将管子弄扁可以改善传导并使加热性能变得更好,加热器芯上的水箱用来引导冷却液流经芯子,一般由黄铜或塑料和铝制成,其结构如图4-5所示。

(3) 节温器 节温器一般安装在发动机冷却液通道的出口处,通过感知发动机冷却液的温度控制冷却液的大小循环,目前大都使用石蜡式节温器,其具体结构如图4-6所示。

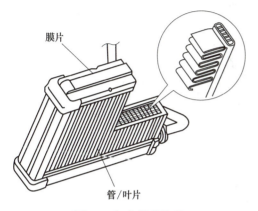

图4-5 加热器芯构造

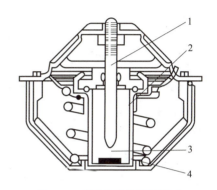

图4-6 石蜡式节温器的构造

1—发动机缸体；2—节温器；3—橡胶套；4—感温套

(4) 加热器软管与卡箍 一般有两根软管与加热器相连,一根进水软管和一根出水软管。这些软管一般由耐油污和耐臭氧的增强合成橡胶所构成。通过卡箍进行固定连接并与加热器相连。经常采用的卡箍有恒定张力卡箍(图4-7)和涡轮式卡箍(图4-8)两种。

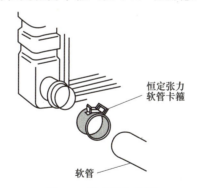

图4-7 恒定张力卡箍

图4-8 涡轮式卡箍

轿车、载货汽车和小型客车经常利用发动机冷却液的余热作为热源，将热源引入热交换器，由鼓风机将车厢内或车外部空气吹过热交换器使之升温。此种装置设备简单、安全经济，但热量小，受发动机运行工况影响较大。

水暖式暖风装置在不使用暖气时，冷却液通过水泵将发动机内的高温冷却液泵入散热器，散热后的冷却液由散热器出水管回到发动机。水暖式取暖系统工作原理，如图4-9所示。

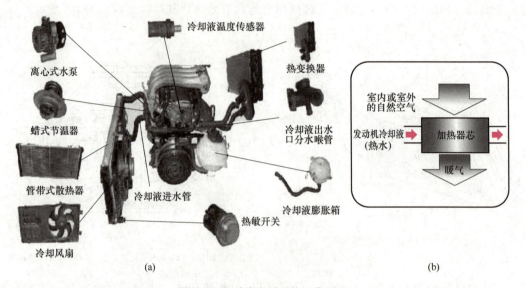

图4-9　水暖式取暖系统工作原理

使用暖气时，经发动机分流出的高温冷却液部分送入采暖装置的加热器芯，冷空气在鼓风机的作用下，通过加热器被加热后，由不同的出风口吹向乘客室。在加热器芯中被吸收热量的冷却液离开加热器被发动机水泵抽回发动机，完成一次循环。暖风还可以通过风窗玻璃下面的出风口，吹到风窗玻璃上，以保持风窗玻璃内侧温度在雾点之上防止起雾或结霜。

2. 气暖式暖风装置

气暖式暖风装置的结构如图4-10所示。

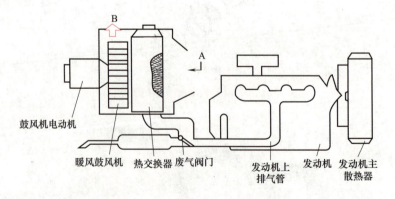

图4-10　气暖式暖风装置的结构示意

它是利用发动机排气管中的废气余热或冷却发动机后的热空气作为热源，通过热交换器加热空气，把加热后的空气输送到车厢内取暖，此种装置受车速变化的影响大，对热交换器的密封性、可靠性要求较高。气暖式暖气装置有两种：一种是气暖肋片式，另一种是气暖热管式。

（1）气暖肋片式　在发动机排气管上装一段肋片管，管外套上外壳（见图4-11）管内通发动机排气，外壳与管子之间的夹层中通空气，这段管子即是热交换器。

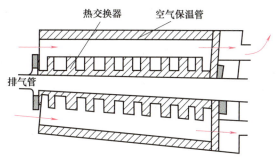

图4-11　气暖肋片式装置

在风机的作用下，将空气吸入并加热后送入车室。加肋片的目的在于增加换热面积以强化换热。值得注意的是排气中含有二氧化硫和水分等杂质，具有腐蚀性。因此，要求这管段的管材必须是耐腐蚀的，连接处应该密封严实，且应经常检查。如因受腐蚀而管段穿孔，废气将和空气一起进入车室危及人体健康和安全。

（2）气暖热管式　其工作原理：车用发动机的废气流经热管的吸热端，而利用风机强制车室内空气流过热管的放热端，真空密闭的金属管内装入约占热管容积1/3的工作液体，在管子下部即吸热端的工作液体被发动机废气热流体加热，吸收热量后沸腾变为气体，由于气体的密度小而上升。

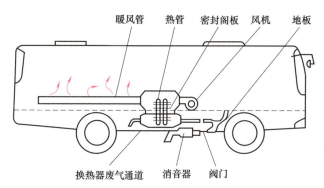

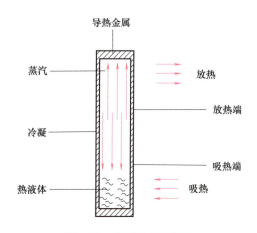

图4-12　气暖热管式装置

到管子的上部将热量传给车室的空气而凝结,这种垂直布置可利用重力差,加速凝结液回流,稳定其换热性能,凝结液沿管内壁流回下部,再吸热沸腾为气体。如此反复进行,不断地将下部的热量传到上部(见图4-12)。

气暖热管式装置的优点是结构简单、启动快、传热系数高、换热效果好,不需外加动力也无运动部件,维护方便,而且发动机排出的废气和进入车室采暖用空气互不泄漏,工作安全可靠。

二、独立燃烧式暖风装置

利用发动机余热式取暖装置普遍受发动机功率和工况的影响较大,车速低或下坡时暖气效果不理想,目前大客车普遍采用独立式取暖装置,其热容量大,热效率可达80%。

独立燃烧式暖风装置装有专门燃烧机构,根据燃烧方式的不同有直接式和间接式之分。所谓直接式指的是把燃料燃烧产生的热量在换热器中直接传递给空气,然后用风机将热空气送入车室内;而间接式则是先用燃料燃烧的热量把水加热,再利用水与空气热交换向车室提供暖风。

1. 直接独立燃烧式暖风装置

直接独立燃烧式暖风装置由燃烧室、热交换器、供给系统和控制系统四部分组成,其结构如图4-13所示。

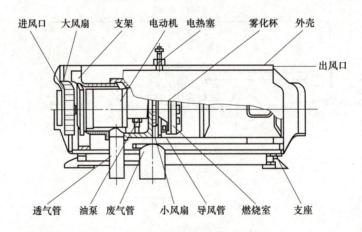

图4-13 直接独立燃烧式暖风装置

工作过程是:当暖气装置中的电动机接通电源后就开始工作,电动机带动燃料油泵、燃料雾化杯、助燃空气风机和被加热空气风机同时工作。燃料油泵从油箱中把燃油吸出,经过过滤器、电磁阀,由燃料管送入雾化杯,在离心力作用下打散雾化,并和助燃空气风机送来的空气混合,形成可燃混合气体。与此同时,电源通过电热塞,点燃可燃气体,在燃烧室中燃烧。一旦燃烧开始,电热塞即行断电,其后就由燃烧的火焰来点燃不断输入的可燃混合气体,使之保持稳定正常。燃烧后的高温气体在与新鲜空气换热后,由排气管排出。被加热后的热空气由暖气排出口进入车室的管道和送风口,对车室进行暖调。

另一方面,在电动机轴向前端安装的新鲜空气送风机送入空气,该空气接受热交换器散发出的热量而使温度升高。

直接独立燃烧式暖风装置具有取暖快、不受汽车行驶条件的影响等优点，缺点是加热出来的空气为高温干热状态，舒适性差。

2．间接独立燃烧式暖气装置

间接独立燃烧式系统用水作为热介质向车室内提供暖风，出风柔和舒适感好，且采用内循环空气、灰尘少、效果较为理想。间接独立燃烧式暖气装置与直接式大体相同，同样由燃烧室、热交换器、供给系统和控制系统四部分组成，其结构如图4-14所示。

间接独立燃烧式暖气装置不仅可作为车厢取暖用，还可提供预热发动机、润滑油和蓄电池等。

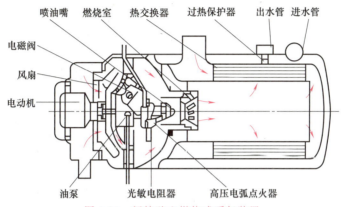

图4-14　间接独立燃烧式暖气装置

间接式与直接式大体相同，也包括四个部分。但它们之间还是有区别的。

① 燃烧室由喷油嘴和高压电弧点火器组成。高压电弧点火器具有点火迅速、使用可靠的优点。

② 热交换器的一侧仍为高温的燃烧气体，而另一侧则是水，不再是空气。供水系统以水泵代替风机作为动力。

③ 控制系统里有水温控制器和水温过热保护器，前者根据水温的高低控制燃油的喷油量，后者则在水温超过预调温度时，将油门切断，停止燃油燃烧。其点火燃烧过程与直接式相仿。

三、综合预热式暖风装置

既利用发动机冷却液的热量，又安装有独立的燃烧装置称为综合预热式暖风装置。综合预热式暖风系统多用于大客车上，比较常见的加热方式有PTC加热器、电热塞型加热和燃气取暖等。

（1）PTC加热器　这种加热器是通过PTC电加热器穿过加热器芯来加热发动机冷却液，当空调温度调节开关开至最大，发动机水温较低、车外温度低于7℃，发动机转速大于500r/min，发动机电脑将控制PTC加热器工作，辅助加热发动机冷却水，以满足驾乘人员的取暖需求。其工作原理如图4-15所示。

（2）电热塞型加热装置　这种加热装置是在气缸的出水口上安装电热塞加热发动机的冷却液，辅助达到取暖的效果。其结构如图4-16所示。

（3）燃气型取暖装置　燃油和空气在燃烧室中混合燃烧，加热发动机的冷却水，加热后

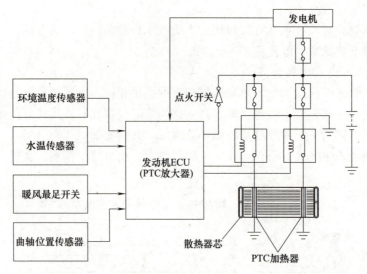

图 4-15 PTC 加热器

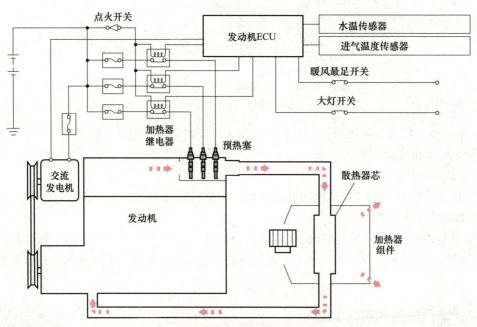

图 4-16 电热塞型加热器

的水进入加热器芯处散热,降温后返回发动机再进行循环。其示意图如图 4-17 所示。

按照输入暖风机的空气循环的方式不同,汽车供暖系统还可以分为三种类型:输入车内空气的循环称为内循环式,输入车外的新鲜空气称为外循环式,同时输入车内外两种空气称为混合循环式。一般内循环采暖效果好、加热空气吸热量少,外循环吸入的空气新鲜,混合循环则具备两者优点,在汽车上应用广泛。

■ 任务实施

1. 初步诊断,确认故障现象。
2. 查找知识准备,学习汽车空调暖风系统工作原理。

项目四　汽车空调的暖风与配风系统检修

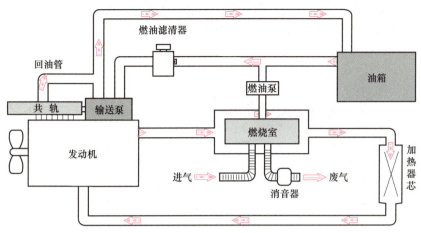

图 4-17　燃气型加热器

3. 判断故障类型，确定汽车空调暖风系统故障范围。

（1）判断该款汽车空调属于哪种暖风系统。

（2）检查汽车空调暖风系统主要零部件工作是否正常。

4. 对小组成员进行合理分工，制订详细可实施的故障诊断与排除方案。

5. 找出故障点，排除故障。

6. 总结故障排除过程，完成诊断报告。

任务二　汽车空调配风系统

任务导入

某汽车 4S 店接收一辆东风本田 CRV，该车汽车空调出现故障，故障现象为启动汽车后，打开空调，出风口风力很弱，导致空调丧失制冷作用，车主要求查找原因并维修。

知识准备

一、通风和净化装置

根据我国对汽车空调新鲜空气的要求，新鲜空气换气量按人体卫生标准不低于 $20m^3/(h·人)$，车内 CO_2 浓度不超过 0.03%，风速为 0.2m/s。因此，汽车内部均设有引入新鲜空气代替污浊空气的通风系统。

汽车空调通风系统的作用是在汽车运行中从车外引入一定量的新鲜空气，并将车内的污浊空气排出车厢外，同时还可以防止风窗玻璃起雾。

1. 汽车空调的通风措施

汽车空调的通风措施有两种，即自然通风法和强制通风法，排气也有自然排气和动力抽风两种。为保证进气正压和清洁，进气口一般设在轿车、货车的车头部位。为了便于车内污浊气体的排出，排风口一般设置在前驾驶室两侧上部的负压区处。

（1）自然通风　自然通风是利用汽车行驶时对车身外部所产生的风压为动力，在适当的位置开设进风口和排风口，以实现车内通风换气，如图 4-18 所示。

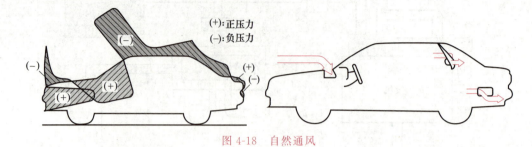

图 4-18　自然通风

图 4-19　强制通风

（2）强制通风　强制通风是利用鼓风机将车外新鲜空气吸入车厢内进行通风换气，这种方式需要外界提供能源和设备，如图 4-19 所示。

2．空气净化装置

汽车车室内的空气由车外空气和车内循环空气两部分组成：车外空气因受环境的污染含有污染物以及粉尘、烟尘；车内循环的空气由于乘员的呼吸、吸烟等因素影响而被污染。这些污染物会对人体健康造成影响，还会使驾驶员疲劳，产生安全隐患。因此，目前汽车上大都装有空气净化装置，以对车内的空气进行净化。汽车空调系统采用的空气净化装置通常分为过滤除尘、离心除尘和静电集尘三种。

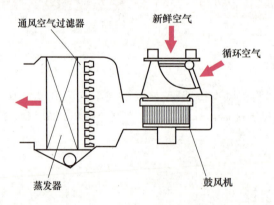

图 4-20　空气滤清器

（1）过滤除尘　过滤除尘装置结构简单，广泛应用于各种普通轿车空调系统中。它是在空调系统的送风口和回风口处设置尼龙、纤维等过滤材料（花粉滤清器），仅能过滤空气中的灰尘和杂物，只需定期清理过滤网上的灰尘和杂物即可。如图 4-20 所示。

（2）离心除尘　离心除尘是工业中应用比较广泛的除尘方式之一。其除尘原理是给进气通道连续设几个急弯，当进气气流通过连续的急转弯时，旋转气流中的粒子受到的离心力比重力大得多，这样由于惯性作用粉尘颗粒来不及随气流一起转弯而碰壁沉积下来，这样就达到除去空气中灰尘和杂质的目的。

（3）静电除尘　静电除尘装置结构复杂、成本较高，一般只用于高级轿车和旅游车上。图4-21所示为静电集尘式空气净化系统的空气净化过程。

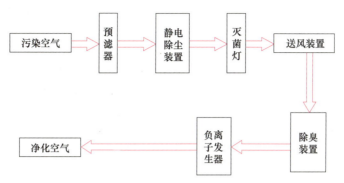

图4-21　静电集尘式空气净化系统的空气净化过程

静电集尘器则以静电集尘方式把微小的颗粒尘埃、烟灰及汽车排出的气体中含有的微粒吸附在集尘板上。工作原理是：高压放电时产生的加速离子通过热扩散或相互碰撞而使浮游尘埃颗粒带电，然后在高压电场中库仑力的作用下，克服空气的阻力而被吸附在集尘电极板上，图4-22所示为静电集尘原理图，其中图4-22（a）是放电电极流出的辉光电流使尘埃颗粒带电，图4-22（b）为带电的尘埃颗粒向集尘电极板运动。

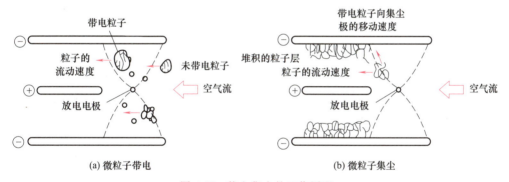

图4-22　静电集尘的工作原理

图4-23所示为实用的静电集尘式空气净化装置结构示意图，它通常安装在制冷、供暖采用内循环方式的大客车上，经过这种装置净化后的空气清洁度很高，可以充分满足对汽车舒适性的要求。

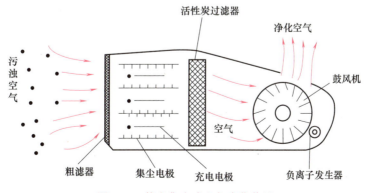

图4-23　静电集尘式空气净化装置

二、汽车空调配风系统

汽车空调已由单一制冷或取暖的方式发展到冷暖一体化方式,由季节性空调,发展到全年性空调,真正起到空气调节的作用。汽车空调配风系统作用主要是控制车内的暖气和冷气气流的流向、流速,以及控制车内的空气清新度,将新鲜空气引入车内,以提高乘员舒适性。系统根据空调的工作要求,可以将冷、热风按照配置送到驾驶室内,满足调节需要。

1. 汽车空调配风方式

汽车空调不仅能将新鲜空气引入车厢内,而且能将冷气、热风、新鲜空气有机地进行配合调节,形成冷暖适宜的气流吹出。配风系统常见的空气混合方式见表4-1。

表4-1 汽车空调的配风方式

序号	种类	构成	备注
1	冷、暖风独立式	（示意图）	内—车内空气（循环空气） 外—车外空气（新鲜空气） 风机 H—蒸发器芯 C—加热器芯 混合风门 内外侧入口门 冷暖风选择门 除霜风门 DEF—除霜 ROOM—车室内 COOLER—冷却装置
2	冷、暖风转换式	（示意图）	
3	半空调式	（示意图）	
4	全空调式（空气混合）	（示意图）	

(1) 冷、暖风独立式 当夏季气温炎热时,车内空气在风机吹送下,通过蒸发器芯冷却后,吹向车内降低车内温度。当冬季气温降低时,车内空气与车外空气混合,在风机的吹送下,通过加热器芯升温,从中、下风门输送到车内,或经上风口吹向风窗玻璃进行除霜。

(2) 冷、暖风转换式 车内循环空气和外界新鲜空气经风门混合后,由风机送入。当选择制冷(COOLER)功能时,混合空气经蒸发器芯冷却后吹出。当选择制热功能时,混合空气经加热器芯升温后由地板风口吹出。当选择除霜功能时,热风由除霜风口吹向风窗玻璃。当加热器和蒸发器全部关闭时,送入车内的为自然风。

(3) 半空调方式 车内循环空气和新鲜空气经风门调和混合后,先经过蒸发器冷却,后经风机送入风门调节,一部分或大部分进入加热器,冷气出口不再进行调节,已经被除湿。如果蒸发器不开,送出的是暖风;若加热器不开,则送出的是冷风;若两者都不开,则送出的是自然风。

（4）全空调式 全空调式也称空气混合式，其应用较为普遍，即新鲜空气和车内循环空气经风门调节后，由风机吹向蒸发器进行降温除湿，再经风门进入加热器加热，出来的冷气和热气混合后，按功能要求送入车内。可通过调节风门来控制混合气的温度。若关闭蒸发器，则送出的是暖气；若关闭加热器，则送出的是冷气；若两者均不开，则送出的是自然风。

2. 典型的配气系统

汽车空调配气系统分为通风、制冷、再热系统。常见的汽车配气系统如图 4-24 所示。汽车空调配气系统一般由三部分构成：第一部分为空气进入段，主要由气源门和伺服器组成，用来控制室内循环空气和室外新鲜空气进入；第二部分为空气混合段，主要由蒸发器、加热器和调温门组成，用来调节所需温度的空气；第三部分为空气分配段，分别可使空气吹向面部、脚部和挡风玻璃上，主要包括中风门、下风门、除霜门和上、中、下风口。

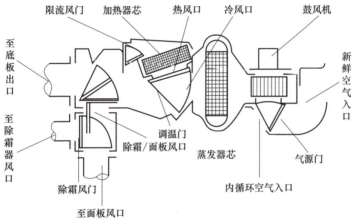

图 4-24 汽车典型配气系统

汽车空调配气系统的主要工作过程是：当调温门处于全开位置状态时冷空气经过加热器，当调温门处于全闭位置状态时冷空气不经过加热器。这样只要调温门处于全开或全闭位置，就可得到最高或最低温度空气。另外，也可调节调温门处于全开或全闭之间的不同位置，得到不同温度和湿度的空气。分配段的除霜门、中风门、下风门，可调节空调风吹向挡风玻璃、乘员的中上部或脚部。另外，控制空调器内风机转速，调节空调风的流量，改变人体感觉的温度。

3. 配风系统的功能

汽车空调的配风系统可以根据不同的需要，通过不同的气流挡板的动作调节温度、出风口切换和内外循环调节等。

（1）温度调节 空调系统通过移动空气混合挡板，改变流经加热器芯的热空气和蒸发器的冷空气的比例来控制温度。温度调节如图 4-25 所示。

（2）内外循环控制 内外循环控制

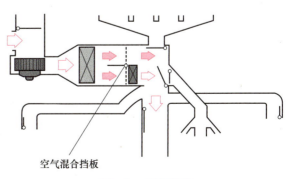

图 4-25 温度调节

是通过控制进气风挡位置来选择是车内循环还是车外部循环（见图4-26）。一般情况下通常选择外部循环，当外界空气污染时，可以切换到内部循环模式。

（3）出风口切换　汽车空调系统的出风口出风有五种模式可供切换，即只吹上半身、吹上半身和脚部、只吹脚部、前风窗除霜、吹脚部并前风窗除霜。通过控制除霜挡板、脚部挡板、中央挡板以及气流挡板来选择这五种模式。其具体的工作过程如图4-27所示。

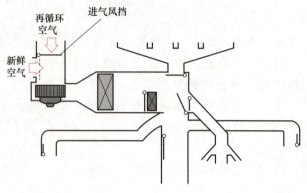

图4-26　内外循环控制

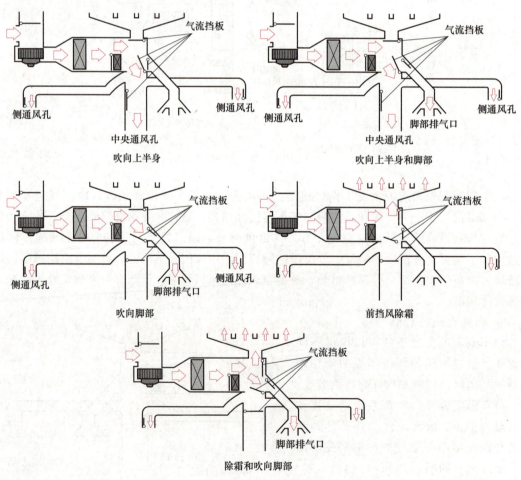

图4-27　出风口切换

项目四 汽车空调的暖风与配风系统检修

4. 风挡操作的类型

常见的手动操作调节风挡的方式有拉线式和电动机式两种。

(1) 拉线式 拉线式由操纵杆、拉索和风门组成,控制板上的操纵杆与拉索相连,拉索根据操纵杆的运动操纵风门。结构简单,但当线缆的滑动出现问题时,面板的选择操作就会不灵敏甚至失效。其控制方式如图4-28(a)所示。

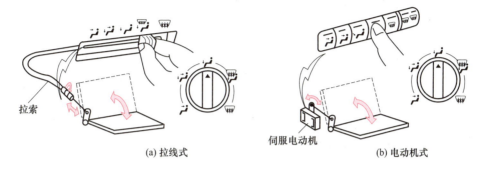

图 4-28　调节风挡的控制方式

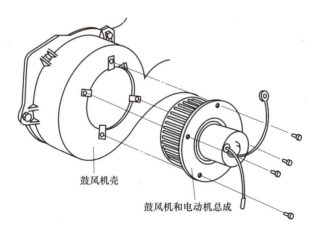

图 4-29　笼式鼓风机结构示意图

(2) 电动机式 电动机式是由伺服电动机、风门、控制面板及控制器组成,按下操纵板上的按钮,便可使伺服电动机运转,带动风门运动。目前的汽车大都采用电动机式控制方式,如图4-28(b)所示。

5. 鼓风机

鼓风机的作用是进行强制通风,将风道内经过制冷或加热过的空气送入车室内的重要装置。目前汽车空调常用的是笼式鼓风机,其主要由电动机、鼓风机叶片、鼓风机壳体等组成,如图 4-29 所示。

■ 任务实施

1. 初步诊断,确认故障现象。
2. 查找知识准备,学习汽车空调配风系统工作原理。

3. 判断故障类型，确定汽车空调配风系统故障范围。
(1) 判断该款汽车空调属于哪种配风系统。
(2) 检查汽车空调配风系统主要零部件工作是否正常。
4. 对小组成员进行合理分工，制订详细可实施的故障诊断与排除方案。
5. 找出故障点，排除故障。
6. 总结故障排除过程，完成诊断报告。

汽车空调制暖系统的检修

任务三　汽车暖风和配风系统检修

一款上海大众帕萨特轿车因空调故障进站维修，据车主反映，该车空调暖风不足，制热效果不明显，要求维修技术人员查明原因并解决问题。

知识准备

汽车空调暖风和配风系统的故障主要表现为无暖风、暖风不足等，其故障排查流程如图 4-30 所示。维修过程经常要涉及检查供暖水路是否正常、风道是否堵塞、风道中各风挡工作是否正常以及拆装更换水箱等工作。

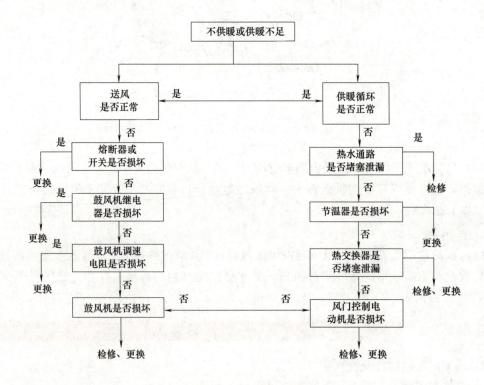

图 4-30　暖风不足故障排查流程图

一、配风系统检修

配风系统故障通常表现为无风或风量过小，通常是由于鼓风机及控制电路出现故障、空调滤清器或者配风管道堵塞以及风挡调节不当等原因引起的。

空调滤清器的基本更换步骤如下。

① 向前拉下密封件，向前取下压力舱护板。

② 如图 4-31（a）所示，压回固定夹，按箭头从壳体内取出灰尘/花粉滤清器。

③ 如图 4-31（b）所示，按照箭头放下安装新的滤清器。

二、供暖水路检修

供暖水路检修包括加热芯管路泄漏检修、发动机冷却系统检修、暖水箱泄漏检修三部分。发动机冷却系统检修包括节温器性能检测、水泵是否损坏或丢转等。

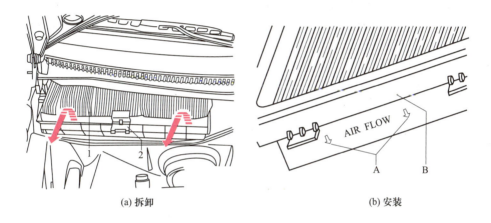

(a) 拆卸　　　　　　　　　　　　(b) 安装

图 4-31　拆装空调滤清器

1—空调滤清器；2—固定卡夹；A—空气流向；B—安装框

（1）节温器检修流程

① 拆下节温器。

② 观察节温器是否被腐蚀或者打开，如果被腐蚀了，更换节温器。

③ 如果没有腐蚀，将节温器悬挂在盛满水的耐热玻璃容器内，将玻璃容器放在加热炉上加热。

④ 观察温度计。

（2）加热器芯的检修　加热器芯一般为堵塞或泄漏，当驾驶员或乘客侧地板脚垫变潮湿时，就很有可能是加热器芯泄漏造成的。若用手感知加热器芯进水管温度很高，出水管温度较低时，很有可能是加热器芯堵塞。若加热器芯损坏直接进行更换即可，不建议进行修复。

▎任务实施

1. 初步诊断，确认故障现象。

2. 查找知识准备，学习汽车空调暖风系统故障的相关知识。

3. 判断故障类型，确定汽车空调暖风与配风系统故障范围。

（1）汽车空调供暖水路故障诊断与排除。

（2）汽车空调鼓风机故障诊断与排除。

4. 对小组成员进行合理分工，制订详细可实施的故障诊断与排除方案。

5. 找出故障点，排除故障。

6. 总结故障排除过程，完成诊断报告。

练 习 题

一、填空题

1. 根据热源不同，汽车供暖系统可分为＿＿＿＿、＿＿＿＿、＿＿＿＿以及＿＿＿＿四类。

2. 根据空气循环方式不同，汽车供暖系统可分为＿＿＿＿、＿＿＿＿和＿＿＿＿三类。

3. 水暖式暖风机的结构有两类，一类是＿＿＿＿，另一类是＿＿＿＿。目前大部分轿车及带空调的卡车都采用＿＿＿＿。

4. 汽车水暖式供暖系统的主要组成部件有＿＿＿＿、＿＿＿＿和＿＿＿＿。

5. 独立燃烧式空气加热器主要有：＿＿＿＿、＿＿＿＿、供给系统和＿＿＿＿四部分组成。

6. 汽车通风装置一般装备有两种通风装置：＿＿＿＿装置和＿＿＿＿装置。

7. 手动拉锁式汽车空调配气系统由＿＿＿＿、＿＿＿＿和＿＿＿＿组成，控制板上的操纵杆与拉索相连，拉索根据操纵杆的运动操纵风门。

8. 配气系统的空气进入段，主要由＿＿＿＿和＿＿＿＿组成。

9. 配气系统的空气混合段，主要由＿＿＿＿、＿＿＿＿和＿＿＿＿组成。

10. 配气系统的空气分配段，主要由各种＿＿＿＿和＿＿＿＿组成。

二、简答题

1. 自然通风装置和强制通风装置的作用分别是什么？

2. 配气系统一般由几部分构成？其各自的组成及作用分别是什么？

3. 汽车内空气净化常采用哪些方法？其原理分别是什么？

4. 汽车供暖系统的作用是什么？

5. 水暖式供暖系统的工作原理是什么？

项目五

汽车空调电气系统检修

 项目描述

为了使汽车空调系统能够正常工作,满足汽车车厢内所需要的舒适条件,汽车空调系统中需要一系列控制元件和执行装置。本项目主要介绍了汽车空调的常用控制装置、保护装置以及控制电路的识读。

 技能要点

会描述汽车空调常用控制装置、保护装置的结构原理,会检测汽车空调常用控制装置、保护装置。会分析汽车空调常用的控制电路,并独立分析典型车系的空调电路图。

 知识要点

知道汽车空调的温度控制装置、真空控制装置、速度控制装置等常用控制装置的功用、结构原理;知道汽车空调常用保护装置的功用、结构原理;知道压缩机、冷凝器风扇、鼓风机风扇的电路分析方法。

任务一 汽车空调电气系统相关知识

 任务导入

某天一辆捷达轿车进站维修,车主反映,鼓风机开关无法控制鼓风机转速,鼓风机始终保持在高速运行状态。请查阅相关资料,制订维修计划解决该故障,并向客户解释故障的导致因素。

 知识准备

一、汽车空调系统保护元件

1. 高低压保护开关

现代汽车空调系统一般都装有各种形式的压力开关。设置压力开关的作用有两个:一是压力控制,二是系统保护。这些开关装在空调管道上或储液干燥器上,用来感测系统的工作压力,一旦压力异常得高或低,压力开关就会打开或闭合,为了加强散热效果,这时空调系统会自动切断压缩机电磁离合器线圈的供电或控制冷却风扇,防止损坏系统部件。常见压力开关主要有以下四种:低压开关、高压开关、高低压开关和三功能复合开关。

(1) 低压开关 如图5-1所示为低压开关的结构。空调系统有时因某些原因造成制冷剂泄漏时,如果开启空调系统将会因制冷剂严重不足或没有制冷剂而引起压缩机润滑不良,使压缩机遭受损坏。为此,一般在高压管路中设有低压开关。常见的低压开关位于制冷系统的高压端,一般安装在储液干燥罐上,它主要是保护压缩机在制冷系统泄漏、压力过低情况下不空转,避免压缩机因缺乏润滑油而损坏;空调工作时高压端压力过低,一般情况下说明系统存在泄漏。

低压开关还可以起到环境低温保护的作用,当环境温度较低时,低压开关断开,切断离合器电源,防止空调在低温环境下工作。这个作用原理较简单,当环境温度较低时,制冷剂对应的压力也低,这时低压开关断开,空调不能启动。

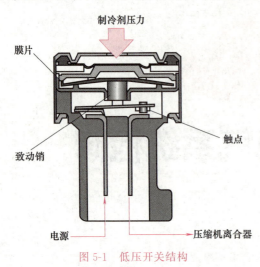

图5-1 低压开关结构

还有一种低压开关设在低压回路,感受吸气压力的变化,其原理是当低压压力低于某一规定值时,接通高压旁通电磁阀,使部分高压蒸气直接进入蒸发器,以达到除霜的目的。

(2) 高压开关 高压开关的结构如图5-2所示。从图中可以看出,它主要由接头、膜片、固定及活动触点、弹簧、接线柱等组成。

高压压力开关一般安装在干燥过滤器与膨胀阀之间的高压管路上,其作用是防止制冷系统在异常高压下工作,若系统高压过高,它将自动切断电磁离合器回路,使压缩机停机,以加强散热,尽快降低系统的温度和压力,保护制冷系统零部件特别是压缩机不被损坏;有的还同时接通冷凝器风扇高速挡电路,自动提高风扇转速,以降低冷凝器的温度和压力。

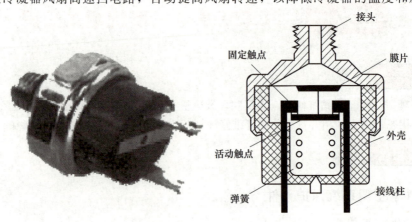

图5-2 高压开关结构

（3）高低压开关　高低压开关又称为双重压力开关，它是将高压压力开关和低压压力开关装在一个壳体内，同时具有低压压力开关和高压压力开关的功能，安装在高压回路中，其结构如图 5-3 所示。

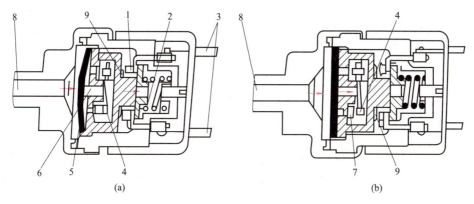

图 5-3　高低压开关

1—低压保护定触点；2—弹簧；3—接线柱；4—高压保护动触点；5—金属膜片；
6—销子（和膜片一体）；7—高压保护定触点；8—压力引入口；9—低压保护动触点

当制冷系统制冷剂泄漏致使压力过低或已没有制冷剂循环时，高低压开关中的低压开关动作，切断压缩机电磁离合器电源，以保护压缩机免受破坏。若由于散热不良等原因致使系统压力超过设计值时，高低压开关中的高压开关动作，切断压缩机离合器电源。高低压开关的工作压力范围如图 5-4（b）所示。

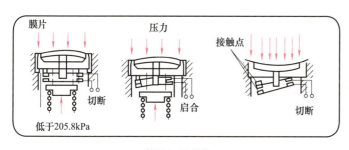

(a) 高低压开关结构　　　　　　　　　　(b) 高低压开关工作压力值范围

图 5-4　高低压开关结构及压力值范围

（4）三功能组合开关　三功能组合开关又称为三重压力开关，为了减少压力开关的数量和接口，以进一步减少制冷剂泄漏的可能，使空调结构更加紧凑，目前很多汽车空调采用三功能组合开关。这种开关由高低压开关（双重压力开关）和一个中压力开关组成，装在制冷系统高压侧的储液干燥器上，感受高压侧制冷剂压力信号。

① 三功能组合开关的作用

a. 防止因系统制冷剂泄漏，高压压力过低而损坏压缩机。

b. 当系统内制冷剂异常、高压时保护系统绝不受损坏。

c. 在正常状况下，冷凝器风扇低速运转，实现低噪声，节省动力；在系统压力高后（即中压时）风扇高速运转，以改善冷凝器的散热条件，实现风扇二级变速。三功能组合开关的结构及工作过程如图 5-5 所示。

② 三功能组合开关工作过程（以 R134a 制冷剂为例）

a. 制冷剂压力≤0.19MPa，如图5-5（a）所示。此时由于隔膜、蝶形弹簧以及弹簧的弹力大于制冷压力，高低压触点断开，压缩机停转，实现低压保护。

b. 制冷剂压力为0.2～3MPa时，如图5-5（b）所示。此时制冷压力大于开关弹簧的弹力，弹簧挠曲，高低压触点接通，压缩机开始运转。

c. 制冷剂压力≥3.14MPa，如图5-5（c）所示。此时制冷压力大于蝶形弹簧的弹力，蝶形弹簧反转使高低压触点断开，压缩机停转，实现高压保护。

d. 中压压力开关，如图5-5（d）所示。当制冷压力大于1.77MPa时，此压力大于隔膜弹力而使隔膜反转，隔膜反转使轴上推而接通冷凝风扇的高速挡位，实现中压保护。

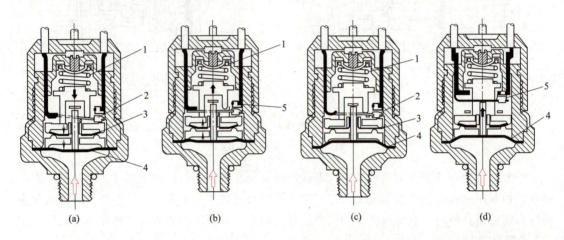

图5-5 三功能组合开关的结构及工作过程

1—弹簧；2—接点（OFF）；3—碟形弹簧；4—隔膜；5—接点（ON）

2. 压力传感器

某些高级轿车用压力传感器来感测高压，测量压力是否正常，它的结构相当于一个歧管压力传感器，一般为压敏电阻式，主要应用在丰田公司生产的高级轿车空调上。此传感器除用作压力控制外，还作为冷却风扇的控制信号。

3. 过热保护开关

过热保护开关的作用是一旦系统温度过高时，过热限制器受热反应，切断电磁离合器电源，停止压缩机工作，保护压缩机免受损坏。

过热保护开关主要由过热开关和熔断器两部分组成。其原理如图5-6所示。过热开关一般装在压缩机后缸盖上，它是一个温度开关，其结构如图5-7所示。系统压力正常时，此开关保持常开，而当制冷系统的制冷剂泄漏或某些原因而使压缩机过热时，该开关受热动作，即开关闭合。

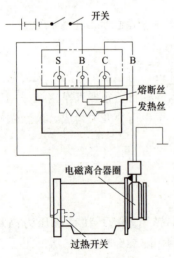

图5-6 过热保护开关原理

4. 离合器二极管

在压缩机电磁离合器的接线插头里面安装一个二极管，保证与离合器线圈并联，可有效避免离合器断电时，所产生磁场消失而产生很高的冲击电压对控制单元等部件造成危害。离合器二极管连接形式如图 5-8 所示。

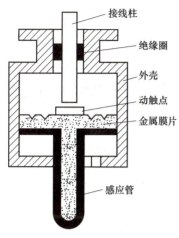

图 5-7　过热开关结构

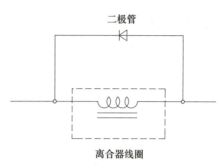

图 5-8　离合器二极管

5. 环境温度开关

环境温度开关的作用是感知环境温度，一般串联在电磁离合器的电路中，当环境温度小于 5℃ 时，切断压缩机电磁离合器电路。

6. 冷却液温度开关

当发动机处于大转矩输出或冷却系统存在故障时，冷却液温度会升至很高的温度，此时若不切断压缩机离合器电源，冷却液温度还会进一步升高，最终导致发动机动力严重不足，甚至出现拉缸、抱瓦等现象。为防止发动机在带动压缩机时过热，在一些汽车的发动机上设置了冷却液温度开关。

冷却液温度开关安装在发动机散热器或冷却水管路上，感测发动机冷却液温度，防止发动机过热，当冷却液温度超过一定值（奥迪一般为 120℃），直接切断或通过控制单元切断空调压缩机的电磁离合器供电；当水温降低到某一值时（奥迪一般为 106℃），开关接通，空调压缩机重新工作。

7. 除霜器开关

除霜器的作用是清除蒸发器外表面的积霜，一般安装在空调系统的膨胀阀与蒸发器之间的管路外壁上，其工作原理如图 5-9 所示。当温度为 0℃ 时，波纹管收缩，除霜开关接通继电器线圈电路，继电器常闭触点断开，压缩机停止转动。当蒸发器温度升高，波纹管膨胀，除霜器开关断开，继电器常闭触点闭合，压缩机重新转动。

8. 传动带保护装置

当动力转向装置、压缩机以及发动机等共用一个传动带驱动时，若压缩机出现故障卡死，传送带将损坏，其他装置也将停止工作。为了避免这种情况发生，某些空调的控制电路采用传动带保护装置，当出现故障时能及时切断压缩机电磁离合器，避免传送带损坏。图 5-10 所示为传送带保护装置电路。

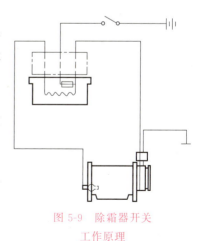

图 5-9　除霜器开关工作原理

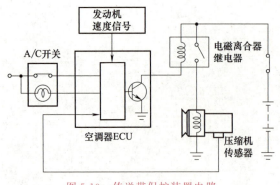

图 5-10 传送带保护装置电路

二、汽车空调系统运行控制装置

1. 温度控制器

温度控制器又叫恒温器、热敏开关等，它是汽车空调电路控制系统里用作温度控制的一种基础元件。其作用是用来检测车室内的温度并将它稳定在一定的范围内，且可防止蒸发器表面结霜。

温度控制器一般安装在蒸发器组件或靠近蒸发器组件的空调操作面板上，有机械式和电子式两种。其工作原理是通过感测蒸发器的表面温度，将温度变化信号转化成电路的通断信号，以实现压缩机的循环通断控制，驾驶人预置温度后，温控器在选定的位置上往复地使离合器结合和断开，起到调节车内温度、防止蒸发器结霜以及避免压缩机产生液击等作用。有些车还将温控器用作空气混合调节风门的控制。

（1）机械式温控器　机械式温控器主要由温感系统、调温系统以及触点开闭机构组成。其工作原理是利用波纹管的伸长（温度升高时）或缩短（温度降低时）来接通或断开触点，从而使压缩机工作或停止，其工作原理如图 5-11 所示。

机械式温控器的工作过程是当蒸发器温度升高时，毛细管里的感温制冷剂便因温度升高而膨胀，波纹管亦膨胀推动框架摆动，使触点闭合，接通电磁离合器线圈回路使其通电产生电磁吸力，压缩机旋转，制冷系统开始制冷。当车厢内温度降低到调定温度以下时，波纹管收缩，框架则逆向转动，使触点断开，电磁离合器线圈断电，压缩机停止工作。

常见的机械式温控器有波纹管式、双金属片式和热敏电阻式三种。

① 波纹管式温控器。波纹管式温控器主要由毛细管和波纹管组成，在这个密封的空腔内充满处于饱和状体的温感剂，如图 5-12 所示。调温机构由凸轮、轮轴、调节螺钉等组成，其功能是使温控器能在最低至最高温度范围内对任一设定的温度产生控制动作。温控器触点开关的断开点是根据调节轴给定的位置而变化的，触点的闭合点与断开点的位置平行。

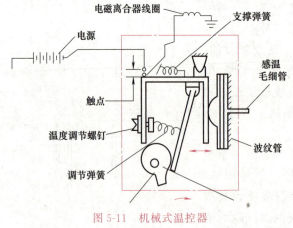

图 5-11 机械式温控器

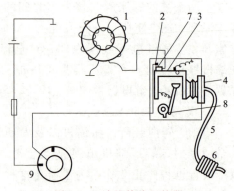

图 5-12 波纹管式温控器

1—电磁离合器；2—定触点；3—摆动框架；
4—波纹管；5—毛细管；6—感温包；
7—动触点；8—调节凸轮；9—开关

② 双金属片式温控器。双金属片式温控器是家用电器中常用的温控器，它是由两层或几层不同热膨胀系数的金属片合成的，如图 5-13 所示，双金属片上面的触点为动触点，壳体上面的触点为定触点。在设定的温度范围内，双金属片平伸，这时动触点 3 和定触点 4 闭合，线路接通。当温度降低时，双金属片变形，温度越低变形量也就越大。当温度低于某一极限值时，动触点 3 和定触点 4 断开，这时线路被切断，压缩机停止转动。

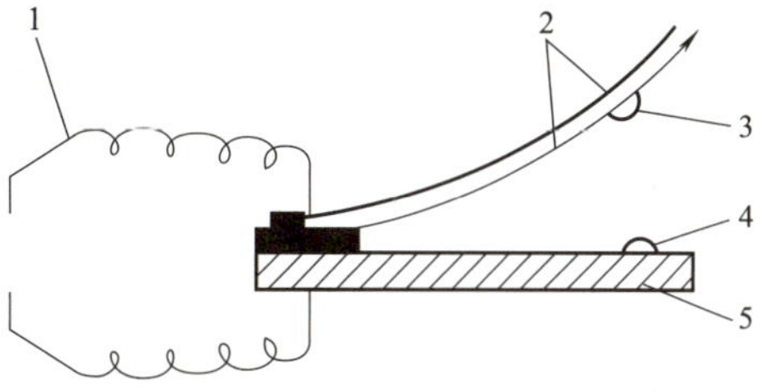

双金属片式温控器可直接将热能转变成机械能，达到接通、断开电路。由于双金属片式温控器控温较准确、电气性能优良、制作简单和

图 5-13 双金属片式温控器
1—引线；2—双金属片；3—动触点；
4—定触点；5—温控器壳体

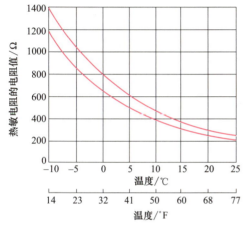

图 5-14 热敏电阻特性曲线

价廉实用，广泛应用于小家电、电机、整流设备和日用电器之中，其用途主要用于调温、控温及过热保护等。

③ 热敏电阻式温控器。热敏电阻式温控器一般采用负温度系数的热敏电阻，即温度升高，电阻值下降，即具有负温度系数，热敏电阻特性曲线如图 5-14 所示。

热敏电阻式温控器装在蒸发器的出口用以检测蒸发器的出口温度，热敏电阻通过导线与晶体管电子线路相连，由于温度变化使热敏电阻的阻值发生变化，再转换为电压变化，传递给空调控制单元，当温度低于某一设定值时，空调控制单元切断电磁离合器的电路。热敏电阻式温控器控制电路如图 5-15 所示。

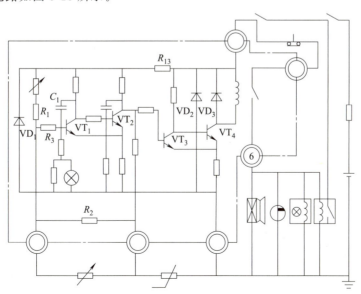

图 5-15 热敏电阻式温控器控制电路

（2）电子式温度控制器　电子式温控器是目前汽车空调上广泛应用的一种温度控制器，一般简单的电子式温控器只具备温控功能，它所用的感温元件为一只热敏电阻，通过小插片插在蒸发器出风口方向翅片上，用来检测蒸发器出风口温度。当温度变化时，其电阻值发生相应的变化，汽车空调上一般采用负温度特性的热敏电阻。

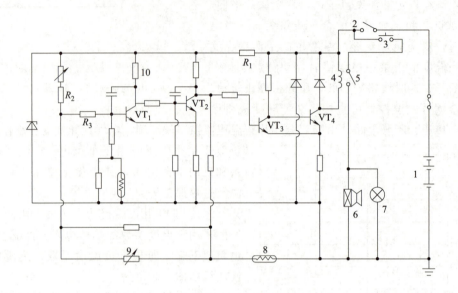

图 5-16　电子式温度控制器电路原理
1—蓄电池；2—空调开关；3—压力开关；4—电磁线圈；5—触点开关；6—电磁离合器；
7—空调指示灯；8—热敏电阻；9—可变温度控制电阻；10—调温电阻

电子式温度控制器电路原理如图5-16所示。接通空调开关2，电流便从电源（蓄电池1）→空调开关2→R_1→R_2→R_3，加在VT_1的基极，于是VT_1导通，VT_2、VT_3、VT_4也相继导通。VT_4导通后，电源电流便经蓄电池1→空调开关2→电磁线圈4→VT_4搭铁，电流通过电磁离合器继电器的电磁线圈4后，产生电磁吸力使继电器的触点开关5闭合。触点开关5闭合后，电流经蓄电池1→空调开关2→压力开关3→电磁离合器继电器触点开关5→电磁离合器6→搭铁。电磁离合器线圈通电后，压缩机即开始工作制冷。

2. 空调运行工况控制装置

对于非独立式的空调系统，当发动机处于急速运行或车辆慢速行驶时，此时若开启空调将会引起以下不良情况。

① 造成发动机空负荷工况或小负荷工况急速不稳定，甚至造成发动机死火，影响汽车的低速和急速性能。

② 引起发动机过热。发动机空负荷或小负荷时，对散热器和冷凝器的散热主要由冷却风扇完成，迎风和通风量都很小，风压和风量均不足，散热效果差，造成发动机过热，影响发动机正常运行。

③ 空调长时间低速运行，还易造成车上用电量不足，因为急速时发电机发出的电量相当有限，空调工作时需消耗大量电能，致使车上用电负荷过大，影响其他系统的正常工作。

④ 空载或小负荷工作时，还使冷凝器散热不良，影响制冷剂的液化，致使空调制冷效果差，甚至管道压力过高而发生破坏事故等。

为了消除以上不良影响，充分发挥非独立式空调系统的优点，实现汽车运行与空调运行的统一，目前汽车上一般都安装有空调怠速控制装置，其控制原理是通过控制压缩机的电磁离合器而使制冷系统开启或停止工作，控制方法是当汽车处于起步、爬坡或慢速行驶，发动机的转速低于预调值时，低速控制器就切断电磁离合器的电源，使压缩机停止工作，减小发动机负荷。下面介绍两种常见的汽车空调怠速控制装置：怠速提升控制器和加速断开控制器。

（1）怠速提升控制器　当汽车处于缓慢行驶或发动机怠速运行时，若此时开启空调，由于发动机负荷增大而使怠速不稳定，甚至造成发动机熄火，影响汽车的低速和怠速性能。

目前汽车上大都装有发动机怠速控制装置，该装置由空调开关控制，只要在怠速时启动压缩机，它就会自动提高怠速转速，以防止发动机熄火。怠速提升装置的组成如图 5-17 所示，它主要由真空驱动器、真空电磁阀、止逆阀及真空胶管等部件组成。

按照控制方式不同，发动机怠速控制器分两种类型：一种是自动切断压缩机的离合器电路，使制冷系统停止工作，减轻发动机负荷，稳定发动机的怠速性能；另一种是当发动机怠速并需要使用制冷系统时，发动机能自动加大节气门开度，使发动机在怠速时转速提高，既能保证有足够的动力维持制冷系统工作，又能保证自身正常运转。

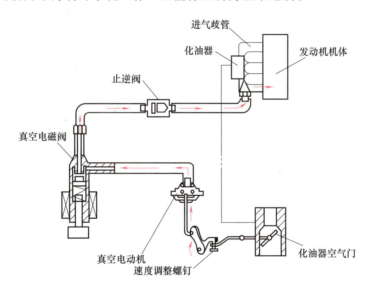

图 5-17　怠速提升控制原理图

（2）加速断开控制器　汽车加速断开控制器又称为怠速切断器，其作用是在汽车加速或者超车时，需要发动机提供加速所需的动力，此时加速断开控制器切断空调压缩机电磁离合器的电源，以增大汽车的后备功率，使汽车有足够的动力超车。同时防止在汽车加速时，由于转速过高，超过压缩机的额定转速而使压缩机损坏。

目前最常见的加速断开器由加速开关和延迟继电器组成，加速开关一般安装在加速踏板下。当加速踏板行程达到最大行程的 90% 时，加速开关及延迟继电器切断电磁离合器线圈电路，压缩机停止工作，这时发动机的全部输出功率用于汽车加速。当踏板行程小于最大行程的 90%，或者加速开关打开延迟十几秒，则自动接通电磁离合器线圈电路，压缩机恢复转动。

三、手动空调系统的基本电路

汽车空调种类繁多，电路形式也各不相同，但归纳起来看，汽车空调的基本电路可分为以下几种：电磁离合器控制电路、鼓风机控制电路和冷凝器/散热器风扇控制电路。

1. 电磁离合器控制电路

汽车空调压缩机电磁离合器控制电路中主要有 A/C 开关、制冷剂高低压开关、制冷剂温度开关、冷却液温度开关、压缩机过热开关等控制元件。压缩机是否正常工作由其控制元件及其控制电路决定。

按照压缩机工作方式不同分为三种类型：手动空调压缩机控制、半自动空调压缩机控制及全自动空调压缩机控制。

（1）手动空调压缩机控制　如图 5-18 所示，手动空调压缩机工作的必要条件是空调开关（A/C 开关）、冷度开关（热敏电阻）、压力开关以及鼓风机开关均闭合，此时压缩机电磁离合器继电器工作。

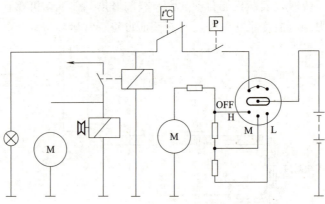

图 5-18　手动空调压缩机控制

（2）半自动空调压缩机控制　如图 5-19 所示，半自动空调压缩机工作的条件是空调开关（A/C 开关）、压力开关、鼓风机开关、制冷剂温度开关、发动机转速信号以及压缩机转速信号均闭合，冷度开关（热敏电阻）工作。当点火开关和鼓风机开关接通时，加热器继电器则接通，此时若空调开关接通，则压缩机电磁离合器继电器由空调放大器接通，这样就使得压缩机电磁离合器结合压缩机工作。

2. 鼓风机控制电路

要想使车内环境比较舒适，除了控制车内温度外，还应控制送风量，即控制风机转速，以适应环境变化，满足驾驶员和乘客的不同需求。

鼓风机调速一般通过改变线路中电阻来实现，鼓风机的控制挡位常见的有二、三、四、五挡四种，最常见的是四速，如图 5-20 所示。通过改变鼓风机开关和调速电阻的接通方式，控制通过鼓风机的电流大小，可使鼓风机以不同转速工作。

3. 冷凝器/散热器风扇控制电路

冷凝器/散热器风扇控制电路通常由 A/C 开关、冷却液温度开关、制冷剂温度开关、制冷剂压力开关、继电器等元件组成。车型不同，则配置风扇的数量不同，控制线路设计方面差异也很大，但其控制方式则大同小异，图 5-21 是一种较典型的冷凝器/散热器风扇控制电路。

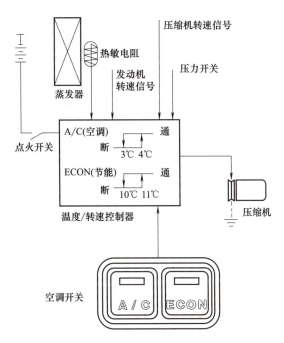

图 5-19 半自动空调压缩机控制

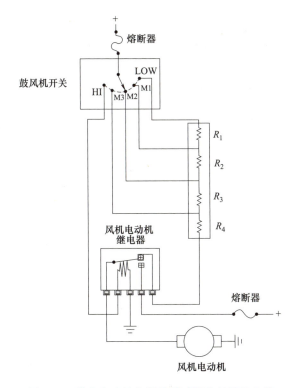

图 5-20 带有高速继电器的手动调节鼓风机电路

对于一般的小客车和大中型客车，由于底盘结构和轿车有很大的不同，其冷凝器一般不装在散热器前面，故冷凝器风扇需要单独设置。与客车不同的是，轿车空调的冷凝器一般都装在散热器前面，为了减少风扇配置，简化结构，轿车一般将冷凝器风扇和散热器冷却风扇组装在一起，利用一个或两个风扇对冷凝器和散热器进行散热。

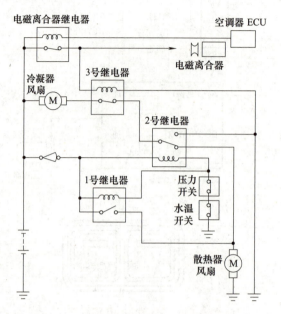

图 5-21 冷凝器/散热器风扇控制电路

四、典型车型的空调系统控制电路

1. 桑塔纳轿车空调控制电路

图 5-22 所示为桑塔纳轿车空调系统的控制电路。

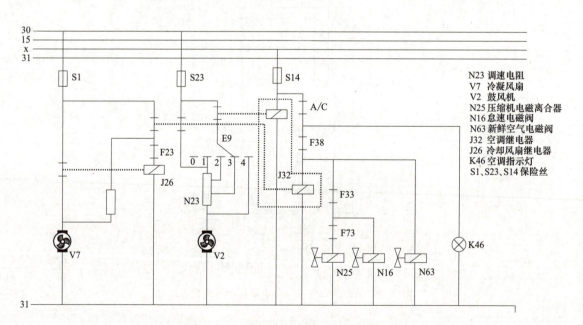

图 5-22 桑塔纳轿车空调系统的控制电路

该电路由电源电路、压缩机电磁离合器控制电路、温度控制电路、鼓风机转速控制电路、冷凝风扇转速控制电路、压力控制电路和怠速调整电路等组成。

(1) 压缩机电磁离合器控制电路　从图5-22可以看出，压缩机电磁离合器工作的必要条件是：电源电压正常、A/C开关闭合、环境温度开关F38闭合（环境温度高于10℃）、低压开关F73闭合和蒸发器的温度开关F33闭合，电磁离合器线圈才会通电工作，压缩机开始运转制冷。

(2) 鼓风机转速控制电路　由图5-22可以看出，鼓风机开关E9和调速电阻N23共同控制鼓风机V2的转速。其工作过程是：当压缩机电磁离合器电路接通，无论鼓风机开关在什么位置，鼓风机都至少以低速运转，以防止蒸发器表面结冰，影响系统的正常工作。鼓风机转速有4个挡位可供选择，通过鼓风机开关E9调整调速电阻串接到电路中的阻值，改变电路中的电流值，进而改变鼓风机的转速。

(3) 冷凝风扇转速控制电路　当压缩机电磁离合器电路闭合，空调继电器将控制冷凝风扇低速电路闭合，冷凝风扇V7开始低速运转。当系统压力感知大于1.60MPa时，高压开关F23闭合，冷凝风扇继电器将闭合，控制冷凝风扇高速运转，以增强冷凝器的冷却能力。这种冷凝风扇的转速变化是通过电路中串接电阻的形式改变线路阻值进而改变风扇的转速。

(4) 怠速调整电路　当外界温度大于10℃，环境温度开关闭合，允许使用空调系统的制冷功能，开启空调时，将接通怠速电磁阀N16的电路，提高发动机的转速，保证空调工作的动力需要。

2. 捷达轿车空调控制电路

图5-23所示是某款捷达轿车空调控制系统的电路图，可以看出，该电路图中鼓风机控制电路与桑塔纳轿车控制方式相同，均为手动开关与调速电阻相结合的控制方式，不同的是捷达轿车的冷凝风扇和压缩机电路均为电脑控制。

(1) 空调压缩机电磁离合器控制电路　从图5-23可以看出，空调压缩机工作的必要条件是：空调A/C开关闭合、环境温度开关闭合（环境温度＞5℃）、油门的开度≤80%、冷却液温度＜120℃、制冷剂的压力处于0.22～3.2MPa之间，鼓风机挡位处于非零挡位。

空调压缩机的工作原理：发动机电脑接受空调开关、外界温度、制冷系统压力、冷却温度的信号，判断是否符合压缩机闭合的必要条件，通过与空调控制单元J293之间的信号线传递压缩机的通断信号，进而由空调控制单元J293控制压缩机电磁离合器的通断。

(2) 冷凝风扇的控制　捷达轿车的冷凝器和散热器采用同一个冷凝风扇。冷凝风扇的工作过程：发动机电脑通过高压传感器感知制冷系统压力的变化，将信号传输给空调控制电脑J293，空调电脑根据该信号值的变化控制冷凝风扇的高低速运转。冷却温度低温开关直接控制散热风扇低速运转，而高温开关将冷却高温信号传输给发动机电脑，再经发动机电脑将信号传输给空调控制单元，空调控制单元控制风扇高速运转。

(3) 内外循环控制　当驾乘人员按下内循环开关时，进风门电磁阀N63和开关指示灯电路导通，内外循环翻板将在电磁阀的作用下打开，新鲜空气在鼓风机的作用下进入车内。

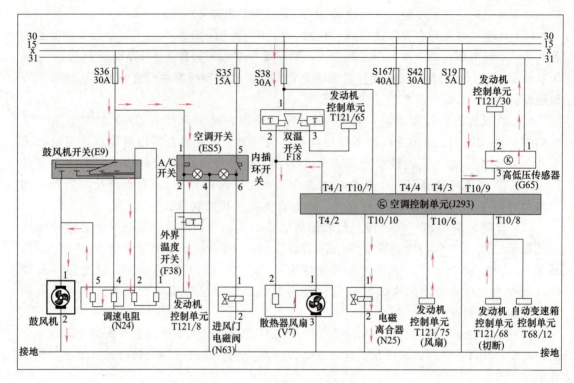

图 5-23 捷达轿车空调控制电路原理

任务实施

1. 初步诊断,确认故障现象。
2. 查找知识准备,学习汽车空调电气系统相关知识。
3. 学会看汽车空调控制系统电路图。
4. 判断故障类型,确定汽车空调电气系统故障范围。
(1) 汽车空调电气系统保护元件故障诊断与排除。
(2) 汽车空调电气系统运行控制装置故障诊断与排除。
5. 对小组成员进行合理分工,制订详细可实施的故障诊断与排除方案。
6. 找出故障点,排除故障。
7. 总结故障排除过程,完成诊断报告。

任务二　汽车空调电气系统的相关技能

任务导入

一辆 2007 款广汽丰田凯美瑞轿车,客户反映空调不制冷。试车,发现空调压缩机工作不间歇,出风口出风不冷。初步观察,压缩机电磁离合器打滑。更换电磁离合器后,压缩机仍然不间歇工作,于是对空调系统进行全面检查。

知识准备

空调控制系统的故障主要表现为压缩机电磁离合器不吸合、鼓风机无法调速或不运转、冷凝风扇不转或无法高低速调整等。

一、压缩机电磁离合器不吸合的故障诊断

当压缩机电磁离合器不吸合时,空调系统将停止制冷,则此时从出风口吹出的是常温的风。

1. 电磁离合器线圈的检查

(1) 检查离合器间隙值。

(2) 检查电磁离合器阻值。

① 断开离合器接线插头,用万用表测量电磁离合器的电阻值,正常应该为 $(3.7\pm 0.2)\Omega$。

② 若电阻值小于该值,说明线圈短路,通电所产生的吸力减弱而不能吸合。

③ 若阻值为无穷大,说明线圈断路。

处理措施:对于电磁离合器损坏的情况,一般是整体更换压缩机。

2. 三功能压力开关的检测

启动发动机,接通压缩机,压缩机应运转,拔下二功能压力开关线束插头,如图 5-24 所示,压缩机停转。

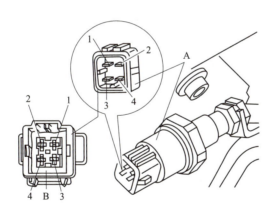

图 5-24　三功能压力开关线束插头

三功能开关在正常状态下,高低压触点 1、2 处于常闭状态,中间触点 3、4 处于常开状态。此时若接通 1 和 2 触点,压缩机工作,表明传感器正常。若接通 3 和 4 触点,冷凝风扇运转。否则应按照电路图进行检修。

注意:对于大多数车型的压力开关,拆装更换时无需将制冷系统排空。

二、鼓风机不工作或者速度无法调整的故障检修

1. 鼓风机调速电阻的检查

拔下鼓风机调速电阻插头,用万用表欧姆挡对调速电阻各挡位触点之间的阻值进行测量,与标准值作比照,作出对电阻器的性能判断。如图 5-25 所示。

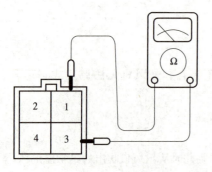

测量端子	测量值/Ω
端子 4-2	0.32
端子 4-3	0.74
端子 4-1	2

图 5-25 检测调速电阻

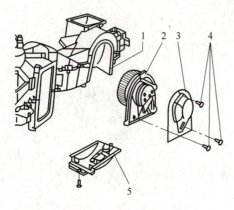

图 5-26 鼓风机拆卸示意图

1—加热器；2—新鲜空气鼓风机；3—罩盖；
4—螺栓；5—新鲜空气鼓风机串联电阻

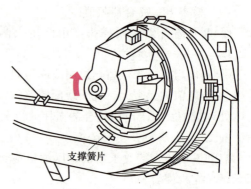

图 5-27 拆卸支撑弹簧

2. 鼓风机拆装更换

对电阻器和鼓风机供电与搭铁进行检测之后，若没有发现故障，则问题很有可能出在鼓风机本身，维修实践中对鼓风机的维修一般是拆卸更换。

鼓风机的拆卸步骤如图 5-26 所示。

① 拆下副驾驶员侧手套箱。
② 拔下串联电阻插头、鼓风机供电插头。
③ 拔下新鲜空气鼓风机串联电阻 5。
④ 如图 5-27 所示，小心拆下支撑弹簧，按箭头方向旋转鼓风机并取下。

任务实施

1. 初步诊断，确认故障现象。
2. 查找知识准备，学习汽车空调电气系统的相关知识。
3. 判断故障类型，确定汽车空调电气系统故障范围。
（1）汽车空调压缩机电磁离合器故障诊断与排除。
（2）汽车空调鼓风机故障诊断与排除。
4. 对小组成员进行合理分工，制订详细可实施的故障诊断与排除方案。
5. 找出故障点，排除故障。
6. 总结故障排除过程，完成诊断报告。

练习题

一、选择题

1. 温度控制器开关，起调节车内温度的作用，其控制的电路是（　　）。
   A. 鼓风机电路　　　　　　B. 电磁离合器电路
   C. 混合温度门电路　　　　D. 冷凝器风机电路

2. 波纹管式温度控制器开关，其毛细管前感温包安装在（　　）。
   A. 车厢内　　　　　　　　B. 蒸发器翅片内
   C. 冷凝器翅片内　　　　　D 车厢外

3. 通常，真空系统有一个真空止回阀或止回继动器，防止发动机进气歧管的真空度（　　）动作所要求的值。
   A. 高于　　　　　　　　　B. 低于
   C. 前两者都不对　　　　　D. 两者都有可能

4. 当发动机进气歧管中的真空度高于真空罐中的真空度时，止回阀（　　）。
   A. 打开　　　　　　　　　B. 关闭
   C. 前两者都不对　　　　　D. 两者都有可能

5. 单向阀是靠（　　）真空度打开的。
   A. 发动机　　　　　　　　B. 真空罐
   C. 前两者都不对　　　　　D. 两者都有可能

6. 制冷系统安装怠速继电器的功能是（　　）。
   A. 提高发动机怠速　　　　B. 加大油门提高发动机转速
   C. 切断空调电磁离合器电源　D. 以上都不正确

7. 制冷系统安装怠速提升装置的目的是：当开空调时、且发动机处于怠速运行时（　　）。
   A. 降低发动机怠速　　　　B. 加大油门提高发动机转速
   C. 切断空调电磁离合器电源　D. 以上都不正确

8. 加速控制装置在汽车行驶加速或超车加速时应（　　）。
   A. 稳定发动机怠速　　　　B. 加大油门提高发动机转速
   C. 切断空调电磁离合器电源　D. 以上都不正确

9. 压力开关动作时，切断的电路是（　　）防止制冷系统不受损坏。
   A. 鼓风机电路　　　　　　B. 电磁离合器电路
   C. 温控器电路　　　　　　D. 冷凝器风机电路

10. 高压压力开关的触点是（　　）的。
    A. 常闭　　　　　　　　　B. 常开
    C. 以上都正确　　　　　　D. 以上都不正确

二、填空题

1. 温度控制器一般放在_____中或靠近蒸发箱的_____。
2. 控制离合器工作的恒温器有三种形式：_____、_____和_____。
3. 真空控制系统由_____、_____、_____、电-真空转换器（真空电磁阀）组成。
4. 大多数真空系统有一个真空罐，真空止回阀或继动器通常放在_____和_____

____之间的管路上。

5. 发动机怠速控制器有两种类型：一种是_____；一种是_____。

6. 汽车空调压力开关可分为_____和_____两类。

7. 压力保护开关分为高压和低压两种，前者一般与_____或_____连接，以防止系统在异常高压下工作；后者与_____连接，用以防止压缩机在没有或很少制冷剂情况下运转，而导致压缩机损坏。

三、名词解释

1. 温度控制器
2. 怠速提升装置
3. 真空动作器
4. 三位压力开关
5. 易熔塞
6. 空调放大器

四、问答题

1. 简述温度控制装置的作用和类型。
2. 简述波纹管式恒温器的工作原理。
3. 简述汽车空调真空控制装置的功用和原理。

项目六 汽车自动空调控制系统的检修

 项目描述

  汽车空调设备中，虽然装有必要的安全保护设备、报警设施以及自动控制系统，但因其在各种条件下运行的汽车上工作，加上工作环境恶劣，汽车空调还是容易出现问题。本项目主要介绍了汽车自动空调控制系统相关知识以及常见的故障诊断与排除方法。

 技能要点

  通过学习能够熟练使用汽车故障解码仪和数字式万用表等诊断工具，能够熟读电路图，查阅维修资料，解决常见自动空调控制系统故障。

 知识要点

  通过本项目的学习掌握汽车自动空调系统组成及控制原理，掌握自动空调系统故障自诊断的方法，理解汽车自动空调系统常用传感器、控制器和执行器的结构和工作原理。

任务一 汽车自动空调控制系统的相关知识

 任务导入

  一辆装备自动空调系统的奥迪轿车进站进行维修，车主描述空调系统制冷不足，经初步检查空调制冷系统部件和系统压力没有发现异常，要求你所在的工位，利用奥迪专用诊断仪器进行空调系统的自诊断，并对控制系统电路进行排查，确定可能引起故障的原因并给予解决。

 知识准备

  汽车手动空调是由人工控制的。在空调控制面板上有一个温度调节旋钮，实际上是一个可变电阻装置,它与蒸发器内的温度感应电阻组成串联电路,当温度改变时,这组电路的阻值发生变化,从而控制压缩机的电磁离合器。当温度低时将离合器分离,空调停止工作;当温度高时离合器将合上,空调继续工作。这样的控制方式比较简单,但温控调节粗糙。

为了减轻驾驶人的负担,避免手动调节的麻烦,现代汽车安装了自动控制空调器。它能检测车内温度和车外温度、太阳辐射等,根据驾驶员所设置的温度,空调器ECU根据预先编制的程序标准,识别这些信号,从而独立地控制一个或多个执行器,自动调节鼓风机空气温度和鼓风机转速,从而将车内温度保持在设置温度。有些自动空调器还可以进行进气控制、气流方式控制以及压缩机控制等。自动控制(ECU)空调系统不仅能按乘员的需要吹出最适宜温度的风,而且可根据环境温度及行车时工况,自动调节风速与风量,简化了操作过程,极大提高了舒适性。

自动空调系统分为两类:半自动空调系统和全自动空调系统。两者的主要差别在于是否有自诊断功能和风速自动控制功能。早先的半自动空调系统没有提供故障代码存储器,现代的半自动空调系统已有故障代码存储器,但风速不能自动控制,如上海大众波罗轿车属半自动空调。全自动空调系统不但具有自诊断功能,还具有吹风模式和风速自动控制功能,此外,自动空调采用液晶显示、按键式操作,已普遍被现代中、高档轿车所采用。

一、自动空调系统的功能

(1) 参数功能　参数控制是自动空调系统中最重要的控制,主要包括温度控制、鼓风机转速控制、工作模式控制以及换气量控制等。

(2) 节能功能　节能控制包括压缩机运转控制、换气量的最适量控制以及随温度变化的换气切换、自动转入经济运行、根据车内外温度自动切断压缩机电源等。

(3) 故障报警　故障报警主要有制冷剂不足报警、制冷剂压力过低或过高报警、离合器打滑报警等。

(4) 故障诊断存储　自动空调系统发生故障,计算机将故障部位用代码的形式储存起来,维修时调出来,以便快捷寻找故障的部位,方便维修。

(5) 显示功能　显示功能是指在空调操作面板上能够显示出设定温度、车内温度、车外温度、控制模式以及工作模式等信息。

二、自动空调系统的组成

自动空调系统由电子控制系统、配气系统和面板控制三部分组成,其中控制面板和配气系统在前面章节已有介绍。电子控制系统主要由输入信号(传感器)、电控单元ECU以及驱动执行机构(执行器)三部分组成,图6-1是汽车自动空调系统的典型结构。

1. 传感器

输入信号主要有车内温度传感器信号、车外温度传感器信号、太阳能传感器信号、驾驶员或乘客控制面板选定的温度信号与功能信号,以及各风门位置的电位计信号。

(1) 热敏电阻传感器　热敏电阻传感器一般为负温度系数的热敏电阻,即随着温度的升高,电阻值降低。空调系统中车内、外的温度传感器、蒸发器温度传感器、冷却液温度传感器均是热敏电阻传感器。图6-2所示分别为热敏电阻传感器向控制单元传递信号的方式及电阻特性。

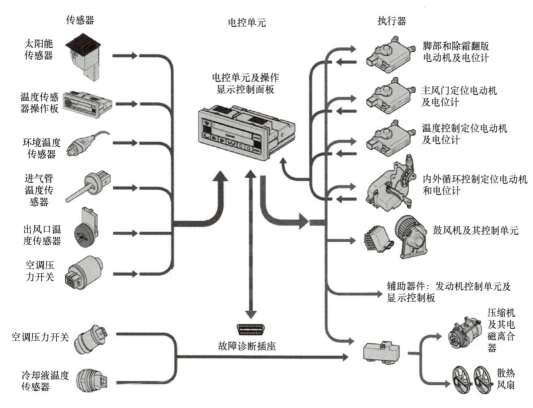

图 6-1 汽车自动空调系统的典型结构

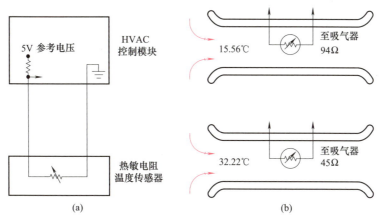

图 6-2 热敏电阻传感器接线图及热敏电阻阻值随温度变化的特性

车内温度传感器一般安装在有通风口的仪表盘上，为了准确且及时地测量当前的车内平均温度，系统会把车内空气强制不断流过车内温度传感器。当车内温度变化时，车内温度传感器能及时感知并向空调 ECU 发送车内平均温度的信号。车内温度传感器是自动空调的重要传感器之一，它能影响到出风口空气的温度、出风口风量以及进气门的位置等。车内温度传感器的结构如图 6-3 所示。

车外温度传感器也称环境温度传感器或大气温度传感器，一般安装在车体前部，用来感知车外空气温度的变化，将温度的变化转换为电阻电压信号传送给空调 ECU。车外温度传

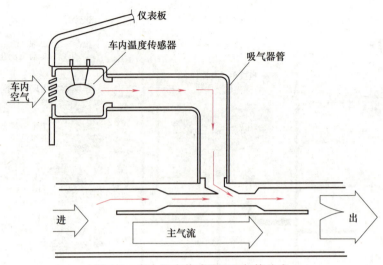

图 6-3 车内温度传感器和吸气管总成

感器也是自动空调的重要传感器之一,它能影响出风口空气的温度、出风口风量、送风模式风门的位置、进气模式风门的位置等。图 6-4 是车外温度传感器的安装位置。

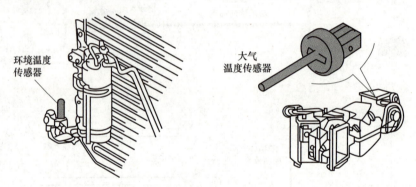

图 6-4 车外温度传感器的安装位置

蒸发器温度传感器一般安装在蒸发器表面,如图 6-5 所示,其作用是用来检测蒸发器表面温度的变化,防止结霜和延时气流控制。

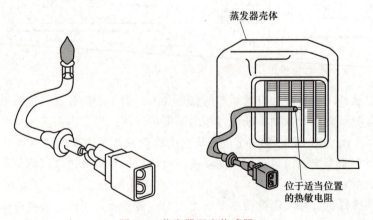

图 6-5 蒸发器温度传感器

冷却液温度传感器是根据发动机温度传感器来感知发动机冷却液的温度,该信号一般由发动机ECU传送给空调控制单元。冷却液温度传感器如图6-6所示。

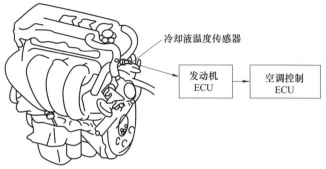

图6-6 冷却液温度传感器

(2) 日照强度传感器 日照强度传感器也叫太阳能传感器,一般安装在仪表台上前挡风窗的下边。它使用光电二极管检测太阳的照射强度,将太阳能辐射变化转换为电流变化输入至控制单元,控制单元通过调节温度翻板位置和新鲜空气鼓风机转速来修正由于日照强度的波动引起的内部温度变化,其工作原理如图6-7所示。

(3) 空气质量传感器 空气质量传感器一般安装在空调的进风口,用于检测一氧化碳、碳氢化合物和氮氧化合物等物质的含量,以便控制空调系统在新鲜空气和循环空气两者之间切换。其结构与工作原理如图6-8所示。

2. 控制单元

空调控制单元又称为空调放大器,控制单元由I/O接口、主机和系统控制软件组成,用于接受控制面板的操作信号和分析运算传感器的输入信号,运行程序与系统软件数据库中的设定数据比较、分析;然后以最优化的方案输出信号,控制各个执行器工作,实现温度控制、风量控制、通风模式控制等,其基本组成如图6-9所示。

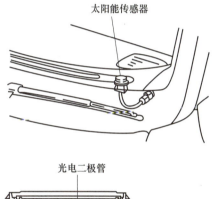

图6-7 太阳能传感器工作原理示意图

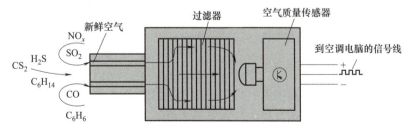

图6-8 空气质量传感器工作原理

3. 执行器

自动空调系统的执行器包括压缩机、鼓风机、冷凝风扇电动机、直流伺服电动机等,通过控制这些部件动作完成对温度、流速、风门位置等的控制。

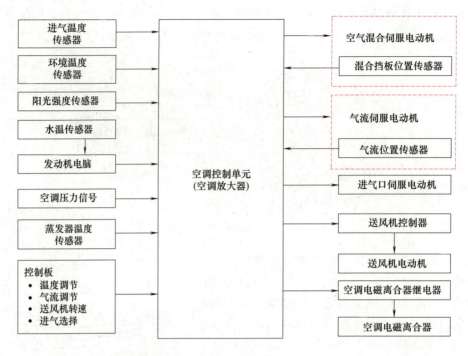

图 6-9 汽车空调自动控制系统基本组成

(1) 直流伺服电动机　汽车空调系统的直流伺服电动机包括进风翻板伺服电动机、空气混合翻板伺服电动机、脚坑/除霜翻板伺服电动机和中央翻板伺服电动机四种。

直流伺服电动机的线路连接图如图 6-10 所示,其工作过程为控制模块向电动机提供一个 12V 电压供应和搭铁,通过对电动机两侧接线极性的改变控制翻板双向动作,而当两侧同时加电或接地时,电动机停止运动。在控制过程中,控制单元可以通过参考电位计电压信号监控挡板的位置。

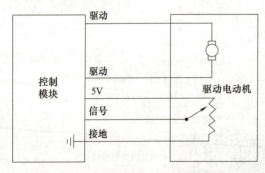

① 进风翻板伺服电动机　进风翻板伺服电动机一般安装在空调系统的进风口位置,其主要包括电动机、齿轮及移动盘三部分。具体的结构和连接线路如图 6-11 所示。

② 空气混合伺服电动机　空气混合伺服电动机一般安装在暖气装置的底部,当进行温度调节时,空调 ECU 控制空气混合伺服电动机旋转,经连杆操纵空气混合控制风挡和鼓风机转速控制开关,从而改变冷暖空气的

图 6-10　直流伺服电动机线路连接图

混合比例,调节出风温度。其具体的结构和线路连接如图 6-12 所示。

(2) 鼓风机　鼓风机是空调系统十分重要的执行器,与手动空调调节方式不同,自动空调系统对鼓风机转速控制通常采用以下三种方式。

① 晶体管与调速电阻组合型(见图 6-13)　当鼓风机转速控制开关设定在"AUTO"挡时,鼓风机的转速由空调电脑根据车内、车外温度及其他传感器的参数控制。若按动人工选择模式开关,则空调电路取消自动控制功能,执行人工设定功能。

项目六　汽车自动空调控制系统的检修

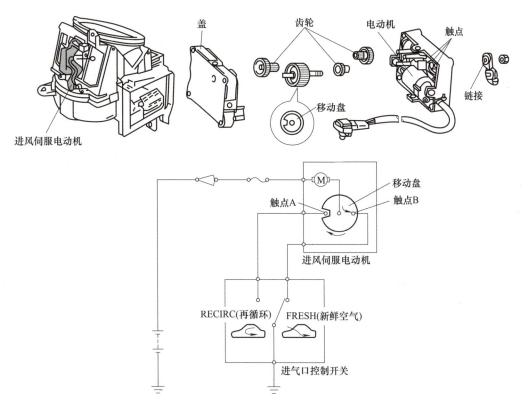

图 6-11　进风伺服电动机的结构和线路连接

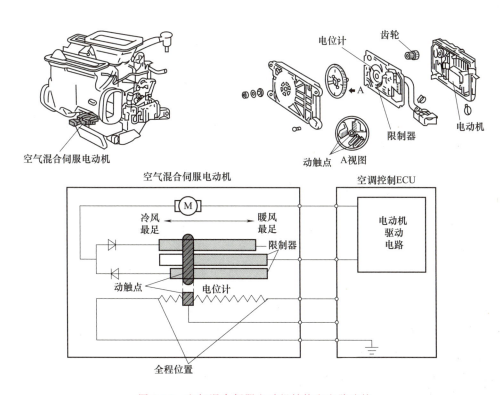

图 6-12　空气混合伺服电动机结构和电路连接

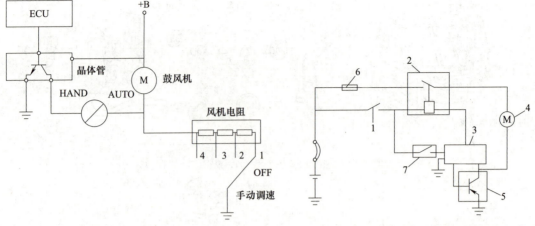

图 6-13　晶体管与调速电阻组合

图 6-14　大功率晶体管控制型鼓风机电路
1—点火开关；2—加热继电器；3—空调控制器；4—鼓风电动机；
5—晶体管；6—熔丝；7—鼓风机开关

② 大功率晶体管控制型　大功率晶体管控制型的控制电路如图 6-14 所示。功率组件控制鼓风机的运转，它把来自程序机构的鼓风机驱动信号放大，放大器的输出信号根据车内情况，按照指令提供不同的鼓风机转速，如果车内温度比所选定的温度高很多，在空调工作状态下，鼓风机将高速运转；而当车内温度降低时，风机速度又降为低速。相反地，如果车内温度比所选定的温度低得多，在加热状态下，风机将被启动为高速而当车内温度上升后，风机速度降为低速。

a. 预热控制。在自动空调的鼓风机转速控制中，用水温传感器检测发动机冷却液的温度，实现微机控制自动空调器内的预热控制功能。在预热过程中，控制单元将随时比较冷却温度传感器信号计算的风量和由控制单元计算风量，取下限值使鼓风机转速降低。预热后，根据控制单元计算的鼓风机转速控制鼓风机转动。预热控制的原理如图 6-15 所示。

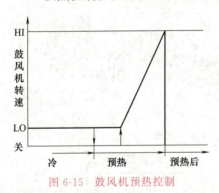

图 6-15　鼓风机预热控制

b. 延时气流控制。如果汽车长时间停放在炎热阳光下，空调器启动后，往往会立即放出热空气，装有延时气流控制功能的空调器能防止这类问题发生。延时气流控制空调器的工作特点是：在高、低速工作状态下，鼓风机脱离控制单元的控制，工作效率较高，损耗较小，使调速控制模块负载减轻，寿命延长，在一定程度上提高了系统的可靠性。延时气流控制如图 6-16 所示。

c. 脉冲控制全调速型。目前某些高档汽车上采用脉冲控制来调节鼓风机的转速，是一种较先进的调速方式，其原理如图 6-17 所示。工作原理是空调控制单元根据系统送风量的要求控制内部脉冲发生器，向鼓风机控制器提供不同占空比的导通信号，使得鼓风机控制器向鼓风机电动机提供不同的驱动电压，以完成对鼓风机的无级调速。

(3) 电磁离合器　电磁离合器控制电路如图 6-18 所示，空调控制器总成从端子 MGC 将电磁离合器 ON（接通）信号输出至发动机 ECU。发动机 ECU 收到该信号后，便会由端

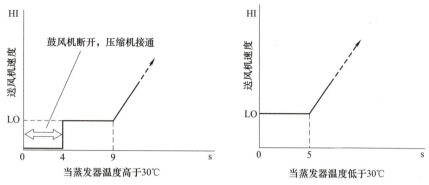

图 6-16 鼓风机转速控制

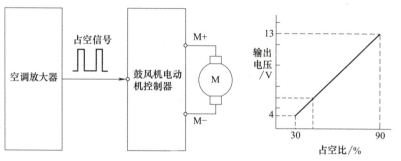

图 6-17 脉冲调速鼓风机电路原理

子 ACMG 传送信号，接通空调电磁离合器的继电器，从而接通空调压缩机电磁离合器。空调控制器总成还通过端子 A/C IN 监测电压是否输至电磁离合器。

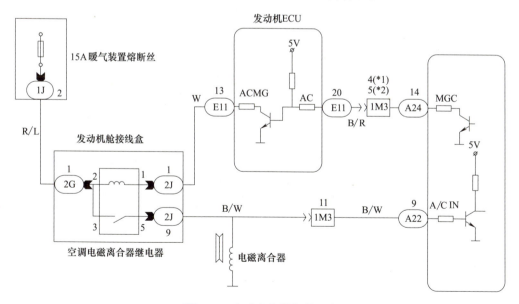

图 6-18 电磁离合器控制电路

（4）冷凝风扇　冷凝风扇的运转是空调制冷系统和发动机散热循环正常工作的基本条件，如果不能冷却，冷凝器就会损坏，空调也就无法正常工作。目前大部分汽车都装有两个冷凝风扇,控制单元根据接收的发动机水温和制冷压力传感器信号控制冷凝风扇的高低速转动。

三、半自动汽车空调控制系统的工作原理

图 6-19 所示是半自动汽车空调系统的工作原理。半自动汽车空调内部控制系统主要由真空自动控制系统和放大器控制系统两部分组成。其控制如下。

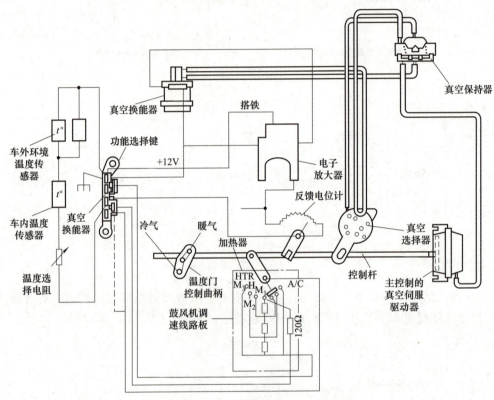

图 6-19 半自动汽车空调系统的工作原理

当人工选定空调的功能选择键并其设定温度后,放大器控制系统将预选温度的电阻、环境电阻、车内温度全部输入到放大器,放大器即产生一个电流信号输入到真空换能器,真空控制阀系统将电流信号通过真空换能器转变成相应的真空度大小的信号,输送到真空伺服驱动器上。真空伺服驱动器根据真空度信号大小使控制杆伸长或缩短一个量,与其相连接的温度门、鼓风机转速开关和反馈电位计有一个相对应的位置,从而输送一定温度和风量的空气。

四、全自动汽车空调控制系统的工作原理

图 6-20 所示是全自动汽车空调系统的工作原理。该系统用电桥-比较计算器和电磁阀取代了放大器和换能器。电桥由大气温度传感器、车内温度传感器、阳光辐射传感器和调温键电阻等组成,它和比较计算器 OP_1、OP_2 组成一个控制系统,分别控制升温和降温真空电磁阀,将电信号转变成真空信号,调节真空伺服驱动器,带动控制杆对温度门开度、鼓风机转速和热水阀开闭进行综合控制,达到控制温度恒定的目的。

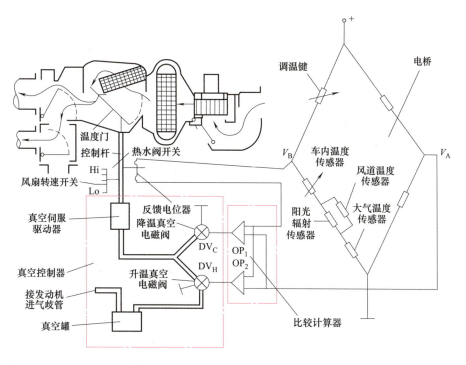

图 6-20 全自动汽车空调系统的工作原理

全自动汽车空调的工作过程如下。

例如驾驶人设定的温度为 25℃，车外温度为 30℃ 时。空调系统初始运行，在电桥电路中，由于设定调温键电阻与传感器桥臂的总电阻低，电桥不平衡，此电桥输出电位 $V_B > V_A$，比较器 OP_1 有电流输出，降温真空电磁阀 DV_C 通电工作，使管路与大气相通。比较器 OP_2 无电流输出，升温真空电磁阀 DV_H 截止，切断管路与真空罐的通路，从而使真空伺服驱动器的真空度减少，膜片在大气压力作用下，使控制杆向朝上的方向移动，控制温度门使经过加热气的空气通道减小，同时使鼓风机转速上升，空调混合气温度下降。如果设定温度与环境温度相差越大，温度门在控制杆的作用下使通往加热器的空气通道关闭至最小，鼓风机转速达到最大，加快车内降温速度。

随着车内温度逐渐降低，调温键电阻与车内温度传感器电阻之差不断减小，直至为零时，$V_B = V_A$，比较器 OP_1、OP_2 均无电流输出，DV_C 关闭大气通路，真空伺服驱动器维持在最大制冷量时的工作状态，调温门仍然关死，鼓风机高速运转。

当车内温度继续下降，车内温度传感器电阻高于调温键电阻值时，电桥电路电位 $V_B > V_A$，比较器 OP_2 输出电流信号，升温真空电磁阀 DV_H 打开真空气路，OP_1 无电流输出，DV_C 关闭大气通路，真空伺服驱动器的真空度增大，膜片克服弹簧力下移，带动控制杆下移。调温门逐渐打开加热器空气通路，冷空气重新加热，车内温度回升，随着控制杆的下移，反馈电位器电阻不断减小，电桥电阻总值不断减小，当车内温度达到设定温度时，电桥 $V_B = V_A$，即 OP_1、OP_2 均无电流输出，真空伺服器保持原工作位置。

由于环境温度、太阳辐射和其他因素变化使车内温度变化时，两个比较器不断工作，输出电流控制真空电磁阀，使真空伺服驱动器不断调节控制温度门的位置，使输出空气温度相应变化，保证车内温度在设定的温度范围内。

当空调输出最大制冷量时，真空伺服驱动器控制杆上有装置可切断热水阀开关，加热器不工作，同时控制杆使温度门关闭加热器空气通路。另外，功能选择键在自然风位置时，也不要加热器工作。鼓风机在需要制冷量较大时高速工作，在不需要制冷或制冷量较少时，低速运行。

为了更好地理解全自动空调的温度自动控制，现对温度自动控制电路原理进行分析。如图 6-21 所示为全自动汽车空调温度自动控制电路。

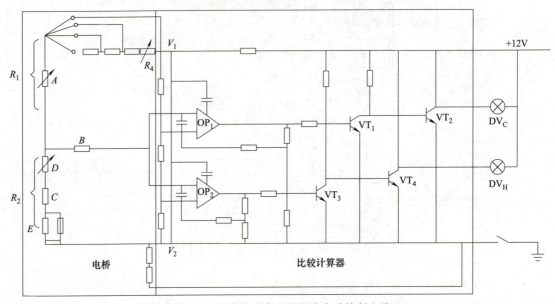

图 6-21 全自动汽车空调温度自动控制电路

温度自动控制系统工作过程如下。

当预选温度高于车内温度时，传感器的总电阻值 R_2 大于调温键的电阻值 R_1，即 $R_1 < R_2$，电路 $V_1 > V_2$，OP_1 有电流输出，经过 VT_1 和 VT_2 两级晶体管的直接耦合放大，电磁阀 DV_C 工作，真空伺服驱动器的控制杆将缩短，调温门增大加热器的空气通路，车内温度上升，此时 OP_2 无信号电流输出，真空电磁阀 DV_H 不工作。

当预选温度低于车内温度时，传感器的总阻值小于调温键阻值 R_1，即 $R_1 > R_2$，电路 $V_1 < V_2$，OP_2 输出电流信号，经 VT_3 和 VT_4 两级晶体管放大后，输到真空电磁阀 DV_H，真空伺服驱动器的气路导通，控制杆将伸长，温度门关小加热器通路，车内温度下降。

当预选温度与车内温度相同时，则电桥处于平衡状态，比较器 OP_1、OP_2 无信号输出，温度门开度不变，鼓风机保持中、低速运行，使车内温度恒定。当车外温度发生变化时，会引起车外进来的空气量或温度的变化，比较器根据传感器电阻的变化开始工作。若外界气温下降，则需要加热量多一些，此时 OP_1 输出信号；若输入的空气温度上升，或太阳辐射增加，需要减小空气的加热量，则 OP_2 工作。如此反复，两个比较器处于不断交替工作，保持车内温度恒定而不受外界环境的影响。

▎任务实施

1. 初步诊断，确认故障现象。
2. 查找知识准备，学习汽车空调自动控制系统的工作原理。

3. 判断故障类型，确定汽车空调自动控制系统故障范围。
(1) 汽车空调传感器故障诊断与排除。
(2) 汽车空调自动控制单元故障诊断与排除。
(3) 汽车空调执行器故障诊断与排除。
4. 对小组成员进行合理分工，制订详细可实施的故障诊断与排除方案。
5. 找出故障点，排除故障。
6. 总结故障排除过程，完成诊断报告。

任务二　微型计算机控制的自动空调系统

任务导入

一辆装有自动空调的东风本田轿车进站进行维修，故障现象为打开鼓风机开关及 A/C 开关后，用温度计在蒸发器出风口测量的温度大于正常值 5℃ 或车内温度高于正常的调节温度。车主要求对此故障进行维修。

知识准备

微型计算机控制的自动空调系统，不仅能按照乘员的需要送出温度最适宜的空气，而且根据需要自动调节风速、风量，还极大地简化了乘员的操作工作，该系统主要用在高级轿车上。

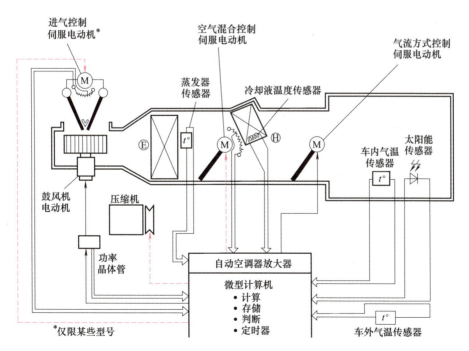

图 6-22　微型计算机控制的自动空调系统

微型计算机控制的自动空调系统如图 6-22 所示，是由电子控制系统、配气系统和面板控制三部分组成。现代微型计算机自动空调的执行器已不再是使用电磁阀和真空电动机操作各个风门，而是通过计算机控制各个部件上的伺服电动机。即通过触摸按钮打开所需的风门，按照输入的预设温度，控制温度门的位置。伺服电动机比真空阀电动机的工作可靠性高，控制机构简单。

控制面板如图 6-23 所示，当按下（AUTO）自动设置开关，微型计算机控制空调系统根据乘员选定的温度和功能自动选择运行方式，满足所需要的温度。

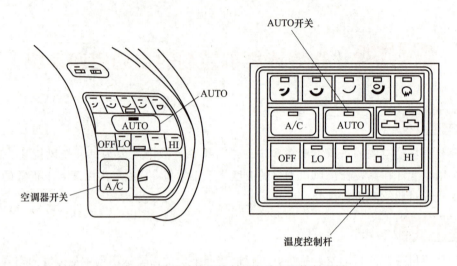

图 6-23　微型计算机控制的自动空调控制面板

微型计算机控制自动空调系统主要包括温度控制、鼓风机转速控制、进气控制、气流方式控制（出气控制）、压缩机控制、自诊断功能等项目。其工作原理分别介绍如下。

微型计算机的控制是根据平衡方程式进行的。驾驶人输入设定的调温键电阻为 K，车室内温度的电阻为 A，车外空气温度的电阻为 B，吹出口温度电阻为 C，阳光照射、环境节能修正能量的温度电阻为 D，则其温度平衡方程式为

$$K = A + B + C + D$$

微型计算机根据这个方程式进行计算、比较、判断后发出各类指令，让执行机构实施动作。

1. 温度控制

（1）系统组成　微型计算机控制自动空调系统的温度控制的基本组成包括车内温度传感器、车外温度传感器、太阳能传感器、蒸发器温度传感器、水温传感器、温度设定电阻器、自动空调控制 ECU 和空气混合控制伺服电动。如图 6-24 所示，其中太阳能传感器采用光电二极管，其余四种温度传感器采用负热变的热敏电阻。

（2）工作过程　T_{AO} 是使车内温度保持在设定温度的鼓风机空气温度，即鼓风机吹出并被冷却或加热后的空气温度。它根据温度控制开关或控制杆的状态以及来自传感器（即车内温度传感器、车外温度传感器、太阳能传感器）的信号计算出来。

$$T_{AO} = AT_{SET} - BT_R - CT_{AM} - DT_S + E$$

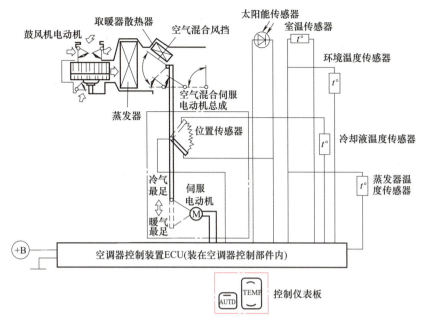

图 6-24　温度控制原理

式中　　　T_{SET}——设定温度；

　　　　　T_R——车内温度；

　　　　　T_{AM}——车外温度；

　　　　　T_S——太阳辐射强度；

A，B，C，D，E——常数。

说明：当温度控制开关或控制杆位于 MAX COOL（最大冷风）或 MAX WARM（最大暖风）位置，则 ECU 就采用某一固定值，不进行上述计算。

微型计算机控制的自动空调器，参照这个 T_{AO} 输出驱动信号至执行器，使上述自动控制系统（除压缩机控制外）运行。如图 6-25 所示。

安装在自动空调器 ECU 内的微型计算机，根据计算所得的 T_{AO} 及来自蒸发器的信号（T_E），计算空气混合控制风门的开度（SW）：

$$SW = \frac{T_{AO} + A - (T_E + B)}{C - (T_E + B)} \times 100\%$$

图 6-26 所示为空气混合控制伺服电动机的工作过程，主要目的是控制鼓风机空气温度。

① 当 T_{AO} 和 T_E 彼此近似相等时，SW 就接近 0。

② 当 T_{AO} 小于 T_E 时，SW 是负数。

③ 当 T_{AO} 大于 T_E 时，SW 是正数。

2. 鼓风机转速控制

（1）系统组成　微型计算机控制自动空调系统的鼓风机转速控制电路主要由冷却液温度传感器、蒸发器传感器、鼓风机电阻器、功率晶体管、ECU、鼓风机电动机、面板控制开关等组成。如图 6-27 所示，其中功率晶体管作用是根据 ECU 的 BLW 端子输出的鼓风机驱动信号，改变流至鼓风机电动机的电流，从而改变鼓风机的转速。

（2）工作过程

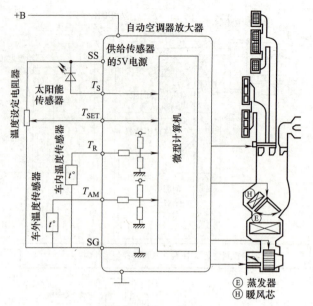

图 6-25 T_{AO} 装置

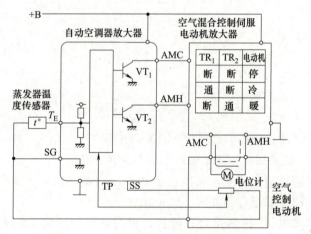

图 6-26 空气混合控制伺服电动机的工作过程

① 自动控制与温度控制类似,根据 T_{AO} 值自动控制鼓风机转速。当控制面板上 AUTO(自动)开关接通时,ECU 根据 T_{AO} 的电流强度控制鼓风机转速。如图 6-28 所示。

② 预热控制。如图 6-29 所示,当控制面板 AUTO(自动)开关接通,且气流方式设置在 FOOT 或 BI-LEVEL 时,ECU 通过水温传感器检测发动机冷却液的温度,当其不低于 30℃时,控制鼓风机电动机开始转动。有些车型不低于 40℃时,鼓风机电动机才开始转动。

③ 时滞气流控制。该控制功能仅用于降温,以防止在炎热阳光下久停的汽车上启动空调器后,放出热空气。

④ 鼓风机启动控制。鼓风机启动控制主要用于防止功率晶体管被启动电流损坏。

⑤ 手动控制。

3. 气流方式控制

(1) 系统组成 气流方式控制系统主要由面板功能控制开关、ECU、气流方式控制伺服电动机及温度控制的各类温度传感器等组成。ECU 根据 T_{AO} 值自动控制出气方式。

项目六 汽车自动空调控制系统的检修

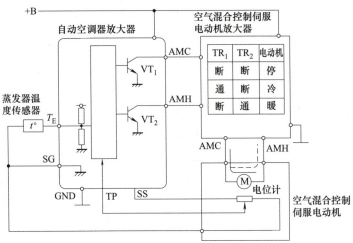

图 6-27 鼓风机转速控制电路

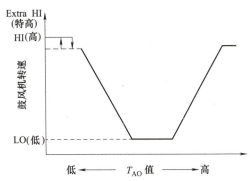

图 6-28 自动控制过程

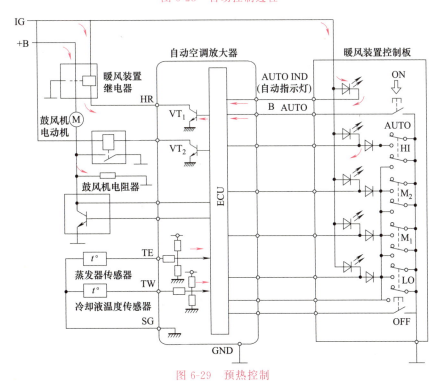

图 6-29 预热控制

（2）工作过程　控制面板 AUTO（自动）开关接通时，ECU 根据 T_{AO} 值按图 6-30 (a)、(b) 所示方式进行控制。

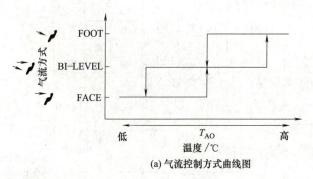

(a) 气流控制方式曲线图

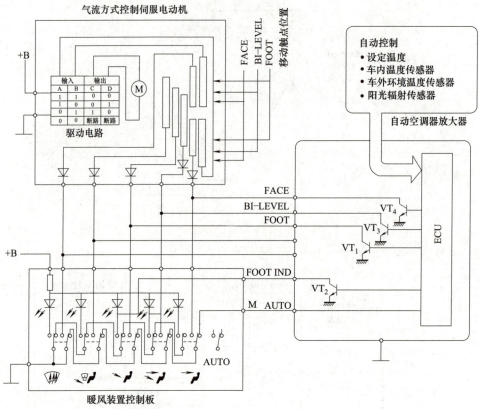

(b) 气流控制方式

图 6-30　气流方式控制

4. 进气模式控制

ECU 根据 T_{AO} 值确定进气模式选择 RECIRC（车内循环空气）或 FRESH（车外新鲜空气）。

ECU 控制伺服电动机由 RECIRC 转变为 FRESH 的工作过程如图 6-31 所示。ECU 根据 T_{AO} 值，接通 FSR 晶体管，从而使触点 B 接地。电流流向为蓄电池、点火开关、端子 1、电动机、触点 B、FSR 晶体管、接地。电动机旋转，带动风门使进气模式由 RECIRC 转变为 FRESH 方式。

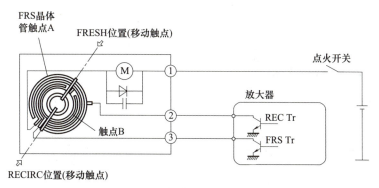

图 6-31 进气模式控制典型电路

5. 压缩机控制

(1) 压缩机电磁离合器通断的控制 如图 6-32 所示，空调控制器总成从端子 MGC 将电磁离合器 ON（接通）信号输出至发动机 ECU。发动机 ECU 收到该信号后，便会由端子 ACMG 传送信号，接通空调电磁离合器的继电器，从而接通空调压缩机电磁离合器。空调控制器总成还通过端子 A/C IN 监测电压是否输至电磁离合器。

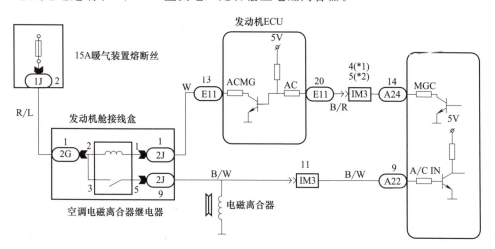

图 6-32 电磁离合器控制电路图

(2) 可变排量压缩机的控制 图 6-33 所示为 10PA17VC 可变排量压缩机。其特点是在压缩机后端增加一套可变排量机构，能根据空调系统的冷气负荷或电动机的负荷，控制压缩机的排量变化，减少能量的浪费。

可变排量压缩机的工作控制模式有三种。

① 全容量运作模式。如图 6-34 所示，在全容量运作中，电磁线圈断电，在弹力作用下电磁阀打开 A 孔，关闭 B 孔。

② 半容量运作模式。如图 6-35 所示，当电磁阀线圈通电流时，电磁阀切断前面高压气体旁通回路，柱塞在弹簧力作用下被推回右侧，排出阀与阀盘分离，后部五个气缸不能产生高压，不参加工作。

③ 压缩机停止工作模式。压缩机不工作时，高低压力平衡，在弹簧力作用下，柱塞被推回右侧。

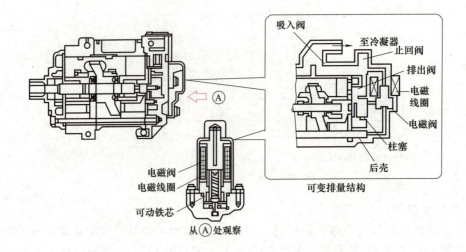

图 6-33 可变排量压缩机的控制典型电路

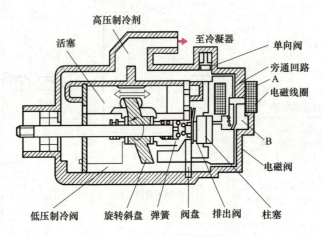

图 6-34 全容量运作模式

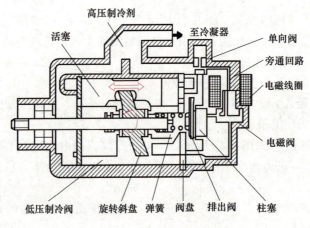

图 6-35 半容量运作模式

项目六　汽车自动空调控制系统的检修

> **任务实施**

1. 初步诊断，确认故障现象。
2. 查找知识准备，学习微型计算机控制的自动空调系统的工作原理。
3. 判断故障类型，确定微型计算机控制的自动空调系统故障范围。
（1）汽车空调鼓风机故障诊断与排除。
（2）汽车空调压缩机故障诊断与排除。
4. 对小组成员进行合理分工，制订详细可实施的故障诊断与排除方案。
5. 找出故障点，排除故障。
6. 总结故障排除过程，完成诊断报告。

任务三　汽车自动空调控制系统的检修

汽车空调常见故障检修

任务导入

某 4S 店售后部进站一台本田雅阁轿车，车主抱怨汽车空调出现故障，故障现象是打开空调鼓风机开关及 A/C 开关后，供给冷气量间断不连续，各出风口冷风时有时无，车主要求排除故障解决问题。

知识准备

一、空调自诊断

1. 自诊断的技术数据

解码仪和车辆接通之后，可以查到的技术数据有：控制单元的版本号、控制单元存储的故障信息、执行元件诊断、基本设定、清除故障信息、控制单元编码、测量数据块等。

2. 解码仪使用注意事项

连接解码仪的时候，一定要保证点火开关关闭，连接完毕后，所有保险丝均正常、蓄电池电压正常、打开点火开关或发动机运转但转速低于 3000r/min 才能保证数据能够输出被读取。在进行执行元件诊断的过程中，发动机转速应低于 3000r/min，车速低于 5km/h，否则，执行元件诊断将被终止。

3. 执行器的检查

解码仪将模拟输出发送到气流挡板、空气进气风挡、空气混合挡板、压缩机电磁离合器等执行元件，检查执行元件是否出现故障。

二、自动空调常见故障解析

自动空调常见故障症状和可能故障原因见表 6-1。

三、空调传感器及其电路检修

传感器的作用是为控制单元提供信号，故当传感器自身或连接线路出现故障时，一般会

汽车空调结构与检修

表6-1 自动空调常见故障症状和可能故障原因

故障现象	故障原因
空调系统所有功能都不能工作	空调控制单元供电电路或空调电脑故障
鼓风机不工作	加热继电器电路、鼓风机电动机电路、空调放大器电路故障
鼓风机失控	鼓风机电路故障
空气流量输出不足	鼓风机电路、空调放大器电路故障
无冷空气送出	制冷剂量、传送皮带张紧、制冷剂压力、压缩机电路、压力开关电路、空气混合控制伺服电动机电路、车内温度传感器电路、环境温度传感器电路、车辆速度信号电路、空气混合伺服电动机翻板位置传感器电路、冷凝器电扇电路、空调电路故障
无暖风送出	空气混合控制伺服电动机电路、空气混合伺服电动机翻板位置传感器电路、环境温度传感器电路、车辆速度传感器电路、蒸发器温度传感器电路、车内温度传感器电路、空调放大器电路、暖风散热器故障
输出空气比设定温度暖和冷或反应慢	车内温度传感器电路、环境温度传感器电路、车辆速度传感器电路、日照传感器电路、空气混合控制伺服电动机电路、空气混合伺服电动机翻板位置传感器电路、水温传感器电路、空调控制单元故障
温度失控	空调控制单元、空气混合控制伺服电动机电路、空气混合伺服电动机翻板位置传感器电路故障
冷凝风扇不能工作	冷凝风扇电路、发动机控制单元(水温传感器电路)、空调控制单元故障

产生相应的故障码。

1. 温度传感器电路检测

自动空调控制系统中常见的温度传感器都是由负温度系数热敏电阻组成的传感器。控制单元为传感器提供5V的电压，当电阻发生变化时，传感器检测到的电压值也随之发生变化，正常情况下，随着外界温度的升高，电阻值降低，检测到的电压值也降低。传感器电路如图6-36所示。

(1) 电压检测　点火开关打开，在温度为25℃和40℃时，在电路保持连接的状态下，测量ⓐ与ⓑ之间的电压值，与维修手册中的正常值对比，判断是否正常。

(2) 电阻检测　拆下温度传感器，测量传感器连接器的两个端子之间的阻值。测量环境温度值，对比维修手册中关于温度传感器的正常值，对传感器好坏做出判断，对于损坏的传感器一般是不建议维修，直接更换。

(3) 温度传感器拆装

① 环境温度传感器拆装。从保险杠内插座上松开传感器，拆下保险杠，拔下插头。

② 新鲜进气温度传感器拆装。拆下杂物箱，拔下插头A，将传感器B转90°后从空气管

道上拉出，如图 6-37 所示。

2. 日照强度传感器电路检测

日照强度传感器随着日照强度的变化，其内部的光电二极管产生的电压信号也将发生变化，进而控制出风温度和出风量。

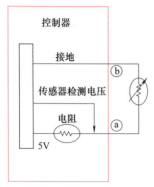

图 6-36　传感器电路

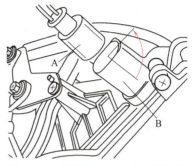

图 6-37　新鲜进气温度传感器拆装

(1) 电压检测

① 拆下空调的控制单元，但是保持连接器连接。

② 将点火开关达到 ON 位置。

③ 在用电灯光照射传感器和用布罩住两种情况下，测量两端电压。正常情况下，传感器受电灯光照射，电压低于 4.0V；被布遮住的情况下，电压在 4.0~4.5V。

注意：随着检查灯光逐渐远离传感器，电压上升。

(2) 电阻测量　当电压测量异常时，可能是传感器本身出现了问题。对日照强度传感器的检测一般是通过测量其电阻进行判定。

① 拆下日照强度传感器。如图 6-38 所示，小心地撬下盖 A，拧下螺栓 B，取下光敏电阻。

② 用布遮住传感器测量两端的电阻，应该为∞。

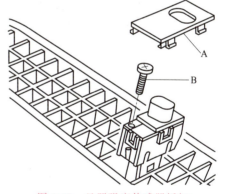

图 6-38　日照强度传感器拆卸

③ 移走遮布，用电灯照射传感器，阻值应该为 10kΩ。

3. 翻板位置传感器电路

这里以丰田花冠车型的空气混合伺服电动机为例，其线路图如图 6-39 所示。

(1) 电压检测

① 拆下空调的放大器，但线路仍保持连接。

② 将点火开关打到"ON"。

③ 测量 SG-1 与 TP 之间的电压值，改变设定温度以激活混合翻板动作，当设定到最冷的情况下测量电压应为 3.5~4.5V，最热的情况下测量电压应为 0.5~1.8V。

注意：测量电压随着设定温度的升高而不断地逐渐减小。

(2) 电阻测量

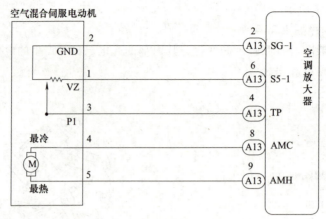

图 6-39　空气混合伺服电动机的线路图

① 拆下空气混合伺服电动机。

② 测量伺服电动机连接端子上的 1 和 2 之间的电阻值,一般为 4.8~7.2kΩ。

③ 在保持线路连接的情况下,改变设定温度,测量 1 和 3 端子间的电阻,最冷的情况下电阻为 3.8~5.8kΩ,最热的情况下电阻为 0.95~1.45kΩ。

注意:测量电阻随着设定温度的升高,阻值不断的减小。

任务实施

1. 初步诊断,确认故障现象。
2. 查找知识准备,学习汽车自动空调控制系统检修的相关知识。
3. 判断故障类型,确定汽车自动空调系统的故障范围。
（1）读取解码仪相关信息,判断汽车自动空调故障原因。
（2）汽车空调执行器故障诊断与排除。
（3）汽车空调传感器及其电路故障诊断与排除。
4. 对小组成员进行合理分工,制订详细可实施的故障诊断与排除方案。
5. 找出故障点,排除故障。
6. 总结故障排除过程,完成诊断报告。

练 习 题

一、填空题

1. 下列说法正确的是（　　）。

A. 自动空调 OFF 键是空调开关键　　B. ECON 是自动键

C. AUTO 是经济键　　D. LO-HI 是温度调节

2. 下列哪个不属于自动空调输入元件（　　）。

A. 车外温度传感器　　B. 进气温度传感器

C. 车内温度传感器　　D. 太阳能传感器

3. 某自动空调系统在温度降低到设定值后仍不能减少制冷量。技师 A 说可能的原因是其内部的温度传感器被堵塞。技师 B 说原因可能是节流管被部分堵塞。（　　）的说法是正确的。

A. 技师 A   B. 技师 B
C. 两技师都正确   D. 两技师都不正确

4. 伺服装置通常由（　　）组成。

A. 限位器、保持器、电位计

B. 限位器、电位计、热水阀控制开关和空气方式控制开关

C. 限位器、电位计、热水阀控制开关和保持器

D. 限位器、热水阀控制开关和保持器、空气方式控制开关

5. 自动空调控制面板 ECON 键是（　　）按键。

A. 自动开关   B. 环境开关
C. 除霜开关   D. 经济开关

二、判断题

1. 半自动空调系统和全自动空调系统，两者的主要区别在于是否有自诊断功能和风速自动控制功能。　　　　　　　　　　　　　　　　　　　　　　　　　　　　（　　）

2. 当车外环境温度低于 0℃时，压缩机停止工作，防止压缩机损耗。　　　（　　）

3. 太阳能传感器的作用是检测阳光强弱，修正混合风门的位置与鼓风机的转速。当阳光增强时，混合风门移向"热"侧，鼓风机转速提高。　　　　　　　　　　（　　）

4. 采用步进电动机式的混合风门伺服装置，具有自定位的功能，无需混合风门位置传感器。　　　　　　　　　　　　　　　　　　　　　　　　　　　　　　　（　　）

5. 压缩机工作控制模式有压缩机开始工作模式、全容量运作模式和压缩机停止工作模式。　　　　　　　　　　　　　　　　　　　　　　　　　　　　　　　（　　）

6. 温度设定电阻器一般安装在控制面板内，与温度控制杆相连。　　　　（　　）

三、问答题

1. 自动空调与普通空调有哪些优点？

2. 自动空调系统主要完成哪些自动控制功能？

3. 微机控制的自动空调系统执行元件有哪些？

4. 如何检测模式伺服电动机和电位计？

5. 微机控制的自动空调系统有哪些传感器？各有何作用？

参 考 文 献

[1] 龚文资. 汽车空调. 第 2 版. 北京：化学工业出版社，2016.
[2] 郑为民. 汽车空调原理构造与维修. 第 2 版. 北京：化学工业出版社，2016.
[3] 黄远雄. 汽车空调维修. 北京：化学工业出版社，2009.
[4] 索文义. 汽车电器设备电路与维修. 第 2 版. 北京：化学工业出版社，2015.